LEKTÜRE SPANISCH

Elsa Osorio

Sechs Erzählungen aus „Callejón con salida"

W0173040

STARK

Bildnachweis

Umschlagbild: © www.istockphoto.com – airportrait

S. 7: © www.istockphoto.com – Alexey Kuznetsov

S. 28: © www.istockphoto.com – airportrait

S. 43: © www.istockphoto.com – Maciej Laska

S. 62: © www.istockphoto.com – Sean Randall

S. 83: © www.istockphoto.com – Ralf Hettler

ISBN 978-3-86668-864-3

Copyright für den Text:
© Elsa Osorio, 2009

Copyright für diese Ausgabe:
© 2013 by Stark Verlagsgesellschaft mbH & Co. KG
www.stark-verlag.de

Inhalt

Autorin: Elsa Osorio

Vorwort

Liebe Schülerinnen, liebe Schüler,

dieser Lektüre-Band für den Spanisch-Unterricht enthält sechs Erzählungen der argentinischen Autorin Elsa Osorio, die ursprünglich in ihrer Sammlung „Callejón con salida" (dt.: „Sackgasse mit Ausgang") veröffentlicht wurden.

Um Sie beim Lesen dieses Bandes zu unterstützen, sind schwierige Wörter mit Annotationen versehen. Einfache Worterklärungen sind auf Spanisch verfasst, zu anspruchsvolleren Begriffen gibt es deutsche Übersetzungen. Zudem erleichtert Ihnen die Zeilennummerierung die Arbeit mit dem vorliegenden Buch.

Viel Freude bei der Lektüre dieser spannenden Erzählungen wünscht

die Redaktion des Stark Verlags

Hintergrundwissen

Die Autorin

Elsa Osorio, geboren 1952 in Buenos Aires, ist Schriftstellerin, Drehbuchautorin und Journalistin. Sie lebte längere Zeit in Madrid, wohnt mittlerweile aber wieder vorwiegend in Buenos Aires. International bekannt wurde sie durch ihren Roman „A veinte años, Luz" (dt.: „Mein Name ist Luz"), für den sie 2001 den Literaturpreis von Amnesty International erhielt.

Die Erzählungen

In ihren Werken setzt sich die Autorin häufig mit der Geschichte und Gegenwart ihres Landes auseinander. Auch in den vorliegenden Erzählungen zieht sich die Vergangenheit Argentiniens, genauer die Militärdiktatur zwischen 1976 und 1983, als roter Faden durch das Leben der Protagonisten. Gabi sucht ihren Zwillingsbruder Juan – ist er untergetaucht, verhaftet, ermordet worden? Ezequiel kann die junge Regimegegnerin Andrea nicht vergessen, während Laura sich den Erinnerungen an ihre Zeit in einem Folterzentrum stellen muss. Marcos erhält ein neues Leben, Mónica versöhnt sich mit ihrem Ex-Ehemann, einst beteiligt an Kindesraub und Folter, und ein Vater wird von den Erinnerungen an seinen Sohn geplagt, dessen Freunde er verhaften ließ.

Der geschichtliche Hintergrund

Die Militärjunta, die sich in Argentinien 1976 unter der Führung von General Jorge Rafael Videla an die Macht putschte, regierte das Land mit eiserner Hand. Ihre Gegner ließ sie verhaften, foltern und ermorden. Tausende Menschen verschwanden während der Diktatur spurlos, viele von ihnen wurden betäubt aus Flugzeugen über dem offenen Meer abgeworfen. Während dieser Zeit entstand die bekannte Organisation der *Madres de la Plaza de Mayo*, die Informationen über den Aufenthaltsort ihrer verschwundenen Söhne und Töchter forderten. Seit 1977 demonstrieren sie jeden Donnerstag auf der Plaza de Mayo in Buenos Aires.

Die Niederlage im Falkland-Krieg von 1982 schwächte das Militärregime empfindlich, dazu kamen die wirtschaftlichen Probleme des Landes. Der letzte Chef der Junta, Reynaldo Bignone, leitete deshalb mit freien Wahlen die Rückkehr zur Demokratie ein. Als eine seiner ersten Amtshandlungen setzte der neugewählte Präsident Raúl Alfonsín eine Kommission zur Aufklärung der Verbrechen während der Militärdiktatur ein. Die CONADEP *(Comisión Nacional sobre la Desaparición de Personas)* dokumentierte in ihrem berühmten Abschlussbericht „Nunca Más" die Gräueltaten der Junta und bezifferte die Zahl der Verschwundenen, die sog. *desaparecidos*, mit etwa 9 000 Personen, manche Menschenrechtsorganisationen sprechen jedoch von einer dreimal so hohen Zahl.

Die Aufarbeitung der Vergangenheit wird Argentinien noch einige Zeit beschäftigen. Immer wieder kam es in den letzten Jahren zu spektakulären Prozessen gegen Angehörige der Junta und deren Handlanger.

Las cartas de Juan

Algo hay que hacer, pero qué. Contárselo a Gabi, no, en eso
están los tres de acuerdo. Además contarle qué, acaso alguno
sabe con certeza qué pasó con Juan. Sin embargo, no se
puede sostener más esa situación. Ayer mismo Gabi le pre-
5 guntó a Maruja: dónde está Juan, cómo es posible que se haya
ido sin decirme una palabra, no va a cambiar de un día a otro,
Juan me quiere. Por supuesto, Gabi, todos te queremos, le
contestó Maruja. Y Gabi la miró entonces como cuando le
pasó… eso, con los mismos ojos reventándole[1] en la cara.
10 Maruja trató de explicarle que Juan se fue porque la situación
del país está complicada ahora, y hasta se refirió a su activi-
dad política de una manera ambigua[2], claro, pero Gabi la
detuvo: que ya sabe, mucho más que ella, que no la trate
como a una nena[3], que ya tiene veinte años, y que si durante
15 veinte años ellos han sido no sólo hermanos mellizos[4] sino
amigos, no va a ser Maruja quien le cuente cómo es Juan, que
qué es lo que ellos saben, por favor, Maruja, no me lo ocultes.
      —Después la escucho caminar toda la noche en su dormi-
torio, otra vez, como antes de esa tarde terrible. Mejor no
20 acordarme, todavía me duele la mano con la que tuve que
abofetearla[5] para que parara.
      También a Javier y a Enrique los había lastimado aquella
violencia, qué se cree, que sólo ella la sufrió. Ellos también
son sus hermanos.

---

1 reventar: *platzen, brechen*
2 ambiguo/-a: *zweideutig*
3 la nena: (col.) la niña
4 los hermanos mellizos: *Zwillinge*
5 abofetear: *eine Ohrfeige geben*

Por eso Maruja los ha llamado hoy, para tomar juntos una decisión. Los tres siempre cuidaron a los mellizos, natural porque les llevan muchos años, pero desde que sus hermanos se casaron, Maruja es la que vive con ellos, y no quiere
5 sentirse la única responsable de lo que le pueda pasar ahora a Gabi, mucho menos después de lo de Juan, no… Teme que Gabi pueda sufrir una recaída, la ve como en aquellos días, antes de que tuvieran que internarla. Cree que esta incertidumbre[1] respecto de Juan la está trastornando.

10 —Pero no podemos decirle la verdad, Gabi no lo resistiría.

—Como no soportó la muerte de mamá —dice Enrique—, porque antes eran apenas algunas actitudes extravagantes, fue después de la muerte de mamá que Gabi se puso así.

Y qué van a hacer si tiene otra crisis: de nuevo la clínica, la
15 cura de sueño, las mentiras a los amigos, y Gabi gorda y mansa[2], como queda después del tratamiento.

—Es una lucha para que tome los remedios, se niega a ir al consultorio[3] —dice Maruja.

—Eso es por Juan —dice Javier—. Él la convenció: que ese
20 psiquiatra la va a destruir, que la va a convertir en una planta.

—Y quién sabe qué más le habrá dicho a Gabi, ya estaba metido con esa gente que le reventó la cabeza —dice Enrique—. Yo se lo advertí, no me digan que no, cuando Juan empezó a cambiar, a rebelarse, a cuestionar todo. ¿Se acuer-
25 dan cómo se indignó con nosotros porque la internamos sin pedirle su opinión? Él, él solo iba a ocuparse de conseguir el profesional y el tratamiento adecuados para Gabi. Pero cuándo, cómo, si apenas estaba en casa en el último tiempo.

—Ahora estamos hablando de Gabi —se impone Maruja—.
30 De Gabi, no de Juan. Por él ya no podemos…

---

1 la incertidumbre: *Ungewissheit*
2 manso/-a: muy tranquilo/-a
3 el consultorio: *Arztpraxis*

Tal vez para que Maruja no largue[1] ese llanto que está ahí, al borde, Javier interrumpe, con fastidio[2]: que terminen de una vez por todas con las discusiones, que están todos muy alterados[3] después de lo que pasó con Juan. Como para no
5 estarlo, alterados no, yo estoy destruida, y soy yo la que está con Gabi todo el día, la que debe ponerle cara de qué, de qué, me quieren decir, cuando me pregunta por Juan. Maruja tiene razón: ahora hay que pensar cómo tranquilizar a Gabi.

Lo de las cartas lo propone Javier. A Maruja le parece peli-
10 groso porque tal vez la correspondencia se revise y puedan perjudicar[4] a Juan, si es que él está escondido y... Vamos, Maruja, no te engañes, sabemos que Juan está muerto. Y Javier: que eso es lo que Enrique piensa, pero que seguro, seguro, no saben nada. ¿Vos lo viste muerto, Enrique? Por-
15 que yo no, y Maruja tampoco.

Ahora es Enrique el que dice que no están discutiendo lo de Juan, que ya bastante dolor, que ahora se trata de Gabi. Gabi está muy mal. Como todos nosotros. Pero es distinto porque ella es chiquita[5] y está enferma de los nervios.
20 La idea de Javier es buena. No hay que perder tiempo, él mismo se compromete a escribir la primera carta de Juan esa tarde en el estudio. Se ponen de acuerdo en los detalles: la escribirán a máquina, con frases suficientemente vagas como para que no sospeche, y sin fecha. Enrique se la dará a su
25 cuñado para que la despache desde Brasil.

La segunda carta la escribe Enrique y se la dan a una amiga que viaja para que la envíe desde Barcelona. Deciden no agre-gar[1] más que un cambio de ciudad y una disculpa por no

---

1 largar: soltar; *loslassen*
2 el fastidio: *Verärgerung*
3 alterado/-a: confuso/-a, excitado/-a
4 perjudicar: *schaden*
5 chiquito/-a: pequeño/-a

darle la dirección para que Gabi le responda, ella tiene que comprender, es por razones de seguridad.

La tercera la escribe Maruja y le comenta que se ha dejado la barba y que le queda bastante bien. Y en la cuarta, escrita por Javier, Juan tiene un trabajo no muy interesante pero que le permitirá seguir viajando.

En los próximos meses, Juan toma trenes, viaja en autobuses, se deslumbra[2] con monumentos históricos, hace trabajos esporádicos, se deja el pelo largo.

Difícil encontrar algo nuevo para escribirle, coinciden los tres hermanos esa noche, mientras toman un café, después de cenar. Gabi se ha retirado a su dormitorio.

—Quizás deberíamos incorporar la lectura, algún autor nuevo —sugiere Javier—. Los libros siempre han sido un lazo muy fuerte entre Gabi y Juan.

—Sí, a Juan le gusta mucho leer.

No soporta Maruja esa mirada admonitoria[3] de Enrique, que no lo diga, por favor, que no lo diga, pero lo dice: le gustaba, Maruja, le gustaba. Pero qué necesidad tenés, Enrique, y Javier le pasa un brazo por el hombro a Maruja.

Va a llorar, sí, pero no sólo por Juan, va a llorar por la carta que Gabi le escribió anoche a Juan, y rompió en mil pedazos, porque dónde la va a mandar, dónde, Gabi pisoteando[4] los papeles en el suelo, con furia, ¿cómo me puede hacer esto, Juan?, las manos crispadas[1] y esa expresión en los ojos que tanto asusta a Maruja.

—Tiene la luz encendida —observa Enrique.

—Sí, se queda despierta —la voz quebrada de Maruja—, Gabi está mal, muy mal.

---

1 agregar: añadir; *hinzufügen*
2 deslumbrarse: estar muy impresionado/-a
3 admonitorio/-a: *mahnend*
4 pisotear: *niedertreten, -trampeln*

—Yo la vi muy bien. Hasta contenta, te diría.

—Sí, demasiado. Está excitadísima. ¿Vieron cómo se reía? Ayer la escuché otra vez caminar y caminar por el dormitorio. No duerme, le doy las pastillas, pero no le hacen efecto.

5   Quizás exageraron, al fin, a casi todos los amigos que viajaban les entregaban una carta. Hay que espaciarlas². Sí, con tantas cartas, tantos lugares, puede confundirse, hasta ellos están confundidos.

La ve entrar a Maruja con el vaso de agua sobre la bandeja³
10 del desayuno. Quiere asegurarse de que Gabi tome los remedios porque ella tiene que salir y no volverá hasta la tarde. Juan le decía que no los tomara, Juan, el de antes, no el de las cartas que le recomienda que se cuide, que duerma bien. No va a discutir con Maruja, no quiere escuchar otra vez: que te
15 hacen bien, que para que estés tranquila.

Tranquila, tranquila y después la nube por la que camina durante el día, el sillón y apenas mirar por la ventana porque leer la cansa, se le confunden las letras. Una carta corta sí puede leer, una carta escrita a máquina como si ella no enten-
20 diera más la letra de Juan.

De todos modos no las entiende, serán las pastillas o la distancia. Es difícil encontrar a Juan en esas cartas breves, anodinas⁴, atadas a un muro por correas⁵ invisibles, que nada le dicen de Juan más que su ausencia. Sin embargo, las espera
25 con ansiedad. Si al menos ella pudiera enviarle las cartas que le escribe encontraría la manera de decirle algo que lo despierte, que le devuelva el cómplice que siempre tuvo en Juan.

—Sí, Maruja, las voy a tomar.

---

1 crispado/-a: tenso/-a
2 espaciar las cartas: aquí: enviar menos cartas
3 la bandeja: *Tablett*
4 anodino/-a: banal
5 la correa: *Band*

Gabi ya aprendió a esconder las pastillas debajo de la lengua y hasta a tomar agua después sin tragarlas. Se las saca de la boca con el dedo apenas Maruja se distrae y las pastillas desaparecen en un remolino[1] de agua en el inodoro[2].

Se ducha y se viste. Se sienta en el living[3]. Desde allí se ve perfectamente la puerta de la calle. El ruido del ascensor y los sobres bajo la puerta. Corre para llegar a recogerlos antes que Zulma, la mucama[4]. Separa dos sobres a su nombre y deja los otros sobre la mesa. Se encierra en su dormitorio.

Las manos rápidas rasgando[5] un sobre. Juan está bien, sigue viajando, el tiempo es agradable, espera que ella esté mejor. No quiere seguir. Juan, a dónde te llevó este viaje, qué pastillas te dan cada mañana, qué médico te pierde en ese sopor que te dicta palabras tan imbéciles, tan poco tuyas, Juan.

Rompe el otro sobre: *Gabi querida, hermanita, gaviota*[6]. Gaviota, la playa, Cariló[7], los cuentos que se contaban, los juegos, los médanos[8] por donde se deslizaban[9], las risas. Al fin Juan. *Tengo miedo.*

Gabi compara una carta con otra, las dos están escritas a máquina, en una está bien, pasea, en la otra tiene miedo.

---

1 el remolino: *Strudel*
2 el inodoro: *WC*
3 el living: (LAm.) la sala de estar
4 la mucama: (LAm.) *Hausmädchen*
5 rasgar: *aufreißen, zerreißen*
6 la gaviota: *Möwe*
7 Cariló: localidad en la provincia de Buenos Aires
8 el médano: *Düne*
9 deslizarse: *rutschen*

Las cartas de Juan

Las cartas de Juan

¿Miedo, Juan?, nunca me lo dijiste, aunque debías tener mucho miedo, si no, no me hubieras escrito así, como si no fueras vos. En una *Querida Gabi*, en otra *Gabi querida, hermanita, gaviota. Te extraño, no sabés cuánto te extraño. Todas*
5 *las mañanas, cuando tiro la red con los pescadores y bajo el agua transparente descubro esos peces de colores, pienso cómo me gustaría que estuvieras aquí, conmigo. Nos contaríamos historias de piratas, de marineros y sirenas como cuando éramos chicos ¿te acordás? Esa Gabi es la que quiero, no la que*
10 *nada en la bruma[1] de los remedios. Pero no puedo hacer nada desde aquí. Ayer le decía a Paco que me siento tan culpable por no haberte ayudado. Todo pasó tan rápido. Me tuve que ir de un momento a otro, fue absolutamente necesario, no podía ir a casa, hubiera sido peligroso para todos.*

15 Saltea párrafos, relee: *Gabi, gaviota,* y esa última frase: *No debería escribirte, es imprudente[2], pero necesito hacerlo. Tengo miedo por mí y por vos. Esta carta es un secreto, no se lo decimos a nadie, como cuando nos escondíamos en la carpa[3] en el jardín de la quinta[4] y vos preparabas pócimas[5] mágicas con*
20 *hojas y flores en el mortero y yo te contaba mis hazañas[6] de cacique[7]. Destruí esta carta y su sobre, tiralos, y después decile a los chicos que te enteraste que estoy bien. Y vivo. Sólo eso. Y que por favor no hagan nada por encontrarme, que se queden tranquilos. Ya vendrán tiempos mejores, y podremos volver a*
25 *vernos. La organización que se ocupa de nosotros nos está gestionando un asilo político en alguna ciudad donde podrás*

---

1 la bruma: *Dunst, Nebel*
2 imprudente: *unvernünftig*
3 la carpa: *Zelt*
4 la quinta: casa en el campo
5 la pócima: *Trank*
6 la hazaña: *Heldentat*
7 el cacique: *Häuptling*

Las cartas de Juan

venir a visitarnos. Inventá una llamada mía por teléfono, muy corta, cuando estabas sola.

Buscar en una agenda el número de la hermana de Paco, en un tiempo eran amigas, si lograra recuperar el tono de los quince años, cuando todo este horror no las había rozado[1]. Proponerle ese encuentro al que María le pone tantos reparos[2], pero Gabi insiste e insiste y al fin sí, la verá en el bar de la esquina de su casa, dentro de una hora.

María cree que se han podido escapar, sí, pero no sabe dónde. Alguien le ha asegurado que están a salvo, no te preocupes, Gabi, y posiblemente, en unos meses, tal vez un año, podrán establecerse en... Suecia, o en España, en algún lugar seguro, y entonces sí, tendrán noticias de ellos. ¿Pero dónde están ahora? Vueltas y vueltas, es evidente que María no quiere decírselo. Gabi tiene que encontrar las palabras precisas para convencerla, por suerte no toma los remedios desde hace dos días. No diré nada, María, te lo prometo, necesito ver a Juan, acá me voy a morir, mis hermanos me van a encerrar otra vez. Y le habla, le habla, le habla. María muda, sus ojos cada vez más húmedos, una lágrima imprudente que se seca con la mano: Basta, Gabi, basta. Están en un pueblito de mar, Santa Cruz do Abaís, hay que ir hasta Aracajú. No, no lo anotes, por favor, repetilo, memorizalo. Aracajú, al norte de Salvador. Gabi cierra los ojos y repite los nombres en voz baja. No los olvidará.

—Gracias, María, gracias.

—Cuidate, y pase lo que pase, nunca, nunca digas dónde están.

1 rozar: tocar
2 el reparo: *Einwand*

Lo encontrará. El viaje por tierra debe tardar varios días pero ella los soportará bien. Si se queda en Buenos Aires recibirá otra carta desde cualquier lugar del mundo donde Juan ya no es Juan.

Tiene que irse antes de que regrese Maruja. El dinero está donde siempre lo guarda su hermana, será suficiente. Tiene su documento. Un bolso pequeño. Una nota que deja en el cajón de su escritorio, seguro que van a mirar ahí. Cierra la puerta, agitada. Atrás ha quedado Maruja con las pastillas, Enrique y Javier hablándole como si tuviera diez años, evitando mencionar a Juan.

El papel está manoseado[1] de tanto pasárselo y releerlo. Ahí están sus nombres y unas líneas: *Me voy con Juan. Él me necesita. Ya les escribiré. Gabi.*

Cómo va a irse con Juan, si Juan… Pero ella no lo sabe, nunca se lo dijimos. Tal vez pensó que podía acompañarlo, algo en su carta debe haberle hecho reaccionar de esa manera. Aún no saben si la última fue enviada desde Brujas o desde Ámsterdam. Poco importa, las cartas no tienen fecha. En el escritorio de Gabi sólo encontraron la nota que les dejó, las cartas de Juan, las de ellos, bah, se las llevó. Zulma ya se lo dijo varias veces: Gabi separó la correspondencia, cree que tenía dos sobres en la mano.

La de Ámsterdam y la de Brujas pueden haber llegado juntas. No, si la de Ámsterdam llegó hoy. Cuál, cuál entonces. Quizás sea alguna de las anteriores que se atrasó.

Hacen recuentos de las cartas que le enviaron. Javier anota en un papel y van tachando[2] a medida que Maruja se acuerda cuándo la recibió.

---

1 manoseado/-a: *abgegriffen*
2 tachar: *ausstreichen*

Las cartas de Juan

Es fundamental saber cuál fue la última carta que recibió, quién la escribió. Aquí no aparece, dice Enrique arrancando el papel de las manos de Javier, evidentemente uno de ustedes escribió otra, otra que la sacó de quicio[1]. La mirada amenazante de Enrique va de Maruja a Javier.

—Inútil —dice Javier, acariciando la tela[2] del tapizado[3]—. Todo es inútil. ¿Qué importa cuál fue la última si casi no había variantes? Gabi se dio cuenta de que la engañábamos y está vengándose de nosotros.

—Eso pensás vos que no vivís con ella, pero yo que la veo todos los días esperar ansiosa, encerrarse a leer, puedo asegurarte que Gabi cree que las cartas que le escribimos son de Juan.

—¿Y por qué entonces nunca nos comentó nada? La culpa es nuestra, nunca debimos hacer algo así.

—La idea fue tuya. ¿Ya te olvidaste?

Que ya dejen de pelearse, que esa idea es disparatada[4] porque dónde puede estar Gabi escondida si no ve casi a nadie. Y Javier: que más disparatado es pensar que pueda haberse ido a Ámsterdam sin dinero.

Ni lo habían pensado mareados[5] como estaban, barajando[6] distintas hipótesis. ¿Tenía Gabi dinero? Lo que Maruja guarda no está, pero lógicamente no podría ir a Europa con ese dinero y sin pasaporte.

Siguen discutiendo si llaman a alguna gente que tal vez sepa de Gabi. A la policía, no, eso ya lo habían descartado[7] ayer, no, después de lo de Juan, a ver si otra vez entran esos

---

1 sacar de quicio: *aus dem Gleichgewicht bringen*
2 la tela: *Stoff*
3 el tapizado: *Polster*
4 disparatado/-a: estúpido/-a
5 mareado/-a: *schwindelig*
6 barajar: pensar sobre algo
7 descartar: decidir no hacer

animales y les dan vuelta la casa, como pasó cuando Juan…,
por suerte Gabi estaba en la clínica, le hubiera hecho tanto
daño. No, ellos no quieren escándalo. Ya va a aparecer. Pero
algo hay que pensar mientras tanto, la gente va a comenzar a
5 preguntar y algo vamos a tener que decir.

—Lo de siempre cuando va a la clínica, que se fue de viaje.

Incontables paradas, distintas caras, cada vez más calor,
ciudades, playas, bares. El día cayendo en la noche, el sol asomando[1]. En la terminal de Aracajú le cuesta encontrar ese
10 nombre que ha repetido tantas veces en ese viaje: Santa Cruz
do Abaís. Logra entender que en dos horas sale el autobús
que la dejará allí.

No tiene ninguna dirección, pero es un pueblo chico[2], le
han dicho. Pregunta por Paco y Juan a un chico que se le
15 cruza. Paco, repite, y hace señas de tocar la guitarra. El sol
pega fuerte, le parece que nunca ha visto los colores tan níti-
dos[3]. El chico llama a otros, la conducen hasta la playa, no entiende lo que le dicen pero suena a música.

Pisa con los pies descalzos la arena tibia. ¿Es Juan?
20 —¡Juan, Juan!

—Gabi, gaviota, loquita, no puedo creerlo.

Cuánto hace que no se abrazaban. Tanto para decirse y tan
poco deseo de explicar, tan sólo verse, saberse ahí, tan cerca.
María le dijo dónde estaban, ahora quiere descansar, está ex-
25 tenuada[4]. ¿Lo saben sus hermanos? No, Gabi no les dijo
nada, le hizo caso a él. Quiere ver los peces de colores de los
que le habla en su carta. Juan está perturbado, nunca debió
haber escrito esa carta. Sus hermanos deben estar desespera-
dos con la ausencia de Gabi. Que no se preocupe, Gabi les

1 asomar: aquí: aparecer
2 chico/-a: aquí: pequeño/-a
3 nítido/-a: claro/-a, puro/-a
4 extenuado/-a: cansado/-a

escribirá pero no les dirá nada de ellos, sólo que sepan que están bien, es fácil, sabe cómo hacerlo, tiene en su bolso todas las cartas que Juan le mandó desde Europa. ¿Europa? Si él no cruzó el océano.

5 Gabi relee las cartas de Juan y escribe a sus hermanos.

La carta llega a nombre de Enrique, sin fecha, escrita a máquina, apenas unos renglones[1]. Un tono vago, siniestramente[2] parecido a las cartas que ellos le escribieron. Por eso Javier insiste en su teoría. Enrique y Maruja ya no están tan
10 seguros de que Javier se equivoque. Quién, que ellos conozcan, viajó a Brasil. Quizás alguien que no conozcan, amigo de quien protege a Gabi. ¿Protegerla de qué?, ¿acaso ella tenía que esconderse? Nunca estuvo en la de Juan. Entonces ¿protegerse de quién? De ellos, de sus propios hermanos. Basta,
15 Javier. Que la dejen en paz, esté donde esté, que ya cometieron bastantes errores. Javier pega un portazo[3] y se va.

Esa tarde le escribirá una carta a Gabi pidiéndole perdón, explicándole que lo hicieron para protegerla de una crisis, que se equivocaron, que él la quiere y que nunca, nunca más
20 la va a engañar, que lo más probable es que Juan esté muerto, Gabi, es hora de que lo sepas, lo asesinaron. Esos salvajes[4] lo mataron, pobrecito. Y ni siquiera sabemos dónde está su cuerpo.

Enrique llama a las amigas de Gabi. No la han visto desde
25 hace tiempo. Sólo Teresa le dice que la encontró muy triste la última vez que la vio, que Juan, le había contado Gabi, estaba tan cambiado con ese viaje, tan pero tan estúpido. Estúpido,

1 el renglón: la línea
2 siniestramente: unheilvoll
3 pegar un portazo: cerrar la puerta de manera violenta
4 el salvaje: Rohling, Wüstling

sí, eso le había dicho, y Teresa no quiso hacerle ninguna pregunta porque ella sabía que a Juan lo secuestraron[1].

Gabi ha pescado esa mañana con Juan, Paco y otra gente que ha conocido. Se tira a descansar a la sombra de una palmera y saca del bolso las cartas de Juan. Relee las primeras y le escribe a Javier: *El tiempo es agradable, Juan se ha dejado la barba y le queda muy bien. Estoy descansando mucho. Traten ustedes de descansar a la noche. Allá se descansa poco, ¡hay tanto ruido! Discúlpame por no darte la dirección por el momento, es por razones de seguridad. Un beso. Gabi.*

La carta de Gabi confirma, según Javier, que está en Buenos Aires y se dedica a devolverles el juego. Enrique encuentra que la carta es delirante y que ellos debieron haberla internado en la clínica, pero dónde, Dios, dónde estará y quién será el crápula[2] que la ayuda, pero ya la va a encontrar, porque él, cuando se propone algo. Sí, así como te propusiste hacerle entender a Juan que estaba en mal camino y mirá. Juan se lo buscó, él, como hermano mayor, tuvo que ponerse duro. Y por eso no recurrió a nosotros, quizás lo hubiéramos podido ayudar a escapar.

—¿Y si fuera cierto que Juan está bien y que Gabi se fue con él?

—Ay, Maruja, no delires vos también.

Reproches mutuos y hasta gritos. Gabi y Juan, los queridos mellizos, dos fantasmas acechándolos[3] y una culpa saltando entre ellos, encabritándolos[4] uno contra el otro.

---

1 secuestrar: *entführen*
2 el crápula: aquí: el idiota
3 acechar: *belauern*
4 encabritar: enfurecer

Debe escribirles, pero qué. Ellos ya conocen lo esencial, sólo podría repetir y repetir, y Gabi sabe que si no agrega nada nuevo, los angustiará más y ella no quiere que sufran porque los quiere, aunque sean así, como son. Cuando cierra
5 el sobre, decide que ésa será la última carta que enviará a sus hermanos.

Quizás porque estén cansados ya de los mutuos reproches y las búsquedas que no conducen más que a un callejón sin salida, o más probablemente por esa última frase que, qué
10 notable, a ninguno se le había ocurrido escribir en las cartas de Juan, la carta de Gabi produce un efecto diferente.

La pasan de mano en mano sin comentarios y se despiden, por primera vez, en todos esos meses, con el afecto de antes.

Apenas una línea: *No sufran. Estamos bien. Los quiero*
15 *mucho. Gabi.*

Llanto
Drama de enredos

I

Buenos Aires, 1978

Mamá no me dio la noticia directamente, no, empezó con un largo rodeo[1], como si ella también —no sólo su herma-
5 na— tuviera que disculparse: que Martín siempre tuvo pro-
blemas, desde chico, acordate cuando venía a la quinta y se
pasaba el día coleccionando insectos, y que lo de la chica esa
con la que se había metido, un horror, lo puso peor, y que
tampoco su madre se lo prohibió totalmente, sólo le desa-
10 consejó que... Y yo, tratando de salir de ese enjambre[2] de
chismes[3] familiares:

—Mamá, por favor, estoy trabajando.

—No me cortes, Ezequiel. Lo que no te dije es que Martín
murió. Esta mañana, o anoche.

15 No me dijo se mató, se suicidó, simplemente murió, como
si hubiera sido una muerte natural.

Andrea no llegó a la que en los últimos tres meses fuera su
casa: sintió ese pellizco[4] interno antes aun de ver el auto atravesado en la esquina, y todos los signos de zona liberada[5]. No

---

1 el rodeo: *Umweg, Ausflucht*
2 el enjambre: aquí: la multitud
3 el chisme: *Tratsch*
4 el pellizco: *Kneifen, Zwicken*
5 la zona liberada: se refiere a un permiso que tenían los llamados Grupos de
  Tarea para llevar a cabo sus funciones (secuestrar a opositores de la Junta)
  sin que interviniera la policía

tenía por qué ser precisamente su departamento[1], podía ser otro, hay muchísimos edificios en esa cuadra[2] pero no iba a correr el riesgo.

Giró sobre sus talones[3] y se dirigió a buen ritmo hasta la avenida Santa Fe. Cruzó la avenida y caminó por una calle angosta[4] y luego por otra que la cortaba, y otra paralela, quién sabe cuántas cuadras, muchas seguramente, porque su respiración estaba muy agitada cuando se detuvo a observar dónde estaba. Los coches que pasaban a toda velocidad por la ancha avenida a la que llegó la hicieron detenerse. Observó que casi no circulaban colectivos[5]. Debió haberlo tomado antes. Pero ¿qué colectivo?, ¿hacia dónde?, si no sabía adónde ir.

Estaban desarticulados[6] hacía tiempo. La mayoría de sus compañeros había caído, y los que no, estarían guardados en lugares que Andrea ignoraba, o se habían podido escapar del país. La imagen de Tito la atravesó un instante pero ella no permitió que se instalara. No podía ponerse a llorar por la calle, era peligroso. ¿Y Carmen? ¿Habría tenido la misma suerte que ella de llegar tarde y salvarse? Ya no tenía ninguna duda de que el operativo había sido en el departamento que compartía con Carmen. Se sacudió[7] los ojos como si con ese gesto pudiera expulsar la imagen que se le imponía: Carmen tironeada[8], golpeada. Una más. Sólo quedaba ella, Andrea, pensó mientras cruzaba la avenida Alcorta.

---

1 el departamento: el piso
2 la cuadra: (LAm.) *Häuserblock*
3 el talón: *Ferse*
4 angosto/-a: estrecho/-a
5 el colectivo: (LAm.) el autobús
6 desarticular: *auflösen, zerschlagen*
7 sacudirse los ojos: hier: *sich die Augen reiben*
8 tironeado/-a: hier: *herumgezerrt, -geschleift*

Llanto: Drama de enredos

No conocía la callecita arbolada por la que se internó y le sorprendió que girara. Apenas un par de edificios bajos y casas. Casonas[1]. Ni un bar, ni un negocio, ni un kiosco. Andrea no conocía ese lugar, era como si un barrio mágico hubiera brotado de pronto en medio de la ciudad. Ya no sabía si avanzaba en dirección al río o no. Las calles se cortaban, se perdían unas en otras. Ese peculiar trazado[2] laberíntico, tan distinto de toda la ciudad, le produjo una extraña sensación de irrealidad, como si no existiera, mejor aún, como si nada de lo que vivía estuviera en verdad pasando. Andrea en un cuento infantil con castillos, princesas… y sin ningún ogro[3]. ¿Y el hada[4]? ¿Cuándo aparecería el hada para vestirla y darle una cama y calor, y devolverle a Tito?

En el velorio[5], antes de que ella llegara, yo ya sabía —me lo dijo Julio, un amigo de Martín— que Marga, la chica que salía con mi primo, estaba embarazada y que él había decidido irse a vivir con ella. Mi tía puso el grito en el cielo, ¿adónde te vas a ir?, ¿a la villa[6]?, porque ellos no pensaban darle un peso, para que estudiara sí, y para hacer deportes, y para que saliera con sus amigos, pero no para que arruinara su vida con una cualquiera, una degenerada[7], porque sólo una degenerada se metía con un chico de su edad. Pero lo que más le dolió a Martín no fue lo que pensaba de la novia (que tiene sólo seis años más que él), ni lo de la villa (que tampoco, vive en una casa humilde en Moreno[8]), lo que lo destrozó, afirmó Julio,

---

1 la casona: (LAm.) *alte Villa*
2 el trazado: *Verlauf, Führung*
3 el ogro: *Menschenfresser*
4 el hada (f.): *Fee*
5 el velorio: *Totenwache*
6 la villa: (Arg.) *Slum*
7 degenerado/-a: *entartet*
8 Moreno: ciudad en la provincia de Buenos Aires

fue que cuando le confió lo del embarazo a su madre, en la certeza de que iba a ayudarlo, ella le asegurara que el hijo no era de él, que Martín era un imbécil, que todo lo que quería esa putita[1] era sacarle plata[2].

Martín se educó en el Champagnat[3], y mi tía —como mamá y su otro hermano— estará contra el aborto, ellos son muy católicos. Pobre Martín, debe de haber sido muy fuerte para él cuando entró mi tío en su cuarto con unos cuantos cientos de dólares: tomá, para el aborto, le dijo, y algo más para que se calle. Y que cómo se le podía ocurrir hablarle de eso a su madre, debía haberle pedido el dinero a él, son cosas de hombres. Martín no tuvo ni la posibilidad de responderle porque, antes de que reaccionara, su padre ya se había ido.

Julio no entendía lo que pudo haber desatado la crisis que lo llevó al suicidio porque la última vez que lo vio a Martín, él estaba decidido a usar el dinero para instalarse con la chica en un departamento, incluso a casarse, y si sus padres no lo autorizaban (era menor de edad) ya los haría entender, por las buenas o por las malas.

—Estaba como loco con esa mina[4] —me dijo Julio—. Yo traté de disuadirlo[5], no es que le dé la razón a los padres, son muy duros ellos, pero tampoco hay que exagerar, no te vas a casar con la primera que te dice que la embarazaste para llevarle la contra a tus viejos, ¿no te parece, Ezequiel?

Andrea sentía frío, sed, hambre, sueño, y un inmenso cansancio. Nada más. Ningún dolor que no fuera físico. Podría ir a Lanús[6], pensó, tenía buenas amigas, una compañera del

---

1 la putita: diminutivo de «puta» (pey.)
2 la plata: (LAm.) el dinero
3 Champagnat: instituto católico en Buenos Aires
4 la mina: (Arg., col.) la chica
5 disuadir: convencer de no hacer algo
6 Lanús: ciudad en la provincia de Buenos Aires

colegio no le negaría alojarla en su casa por una noche. Aunque quién sabe… la gente tenía miedo, les huía, no sería la primera vez que se encontrara con una puerta cerrada. Hay que comprender, le decía Tito.

⁵ Un grupo de personas que entraban y salían de una casa la sorprendió en medio del barrio solitario. ¿Una fiesta un jueves a la noche? Andrea se acercó por la vereda¹ de enfrente y observó. Un inmenso porche². Un hombre vestido de negro. Coronas³. ¡Un velorio! Entre tanta gente ¿quién repararía⁴ en ella? Y Andrea tenía tanto frío…

Estaba recordando esa reunión familiar en la que el hipócrita de mi tío Esteban, el padre de Martín, peroraba grandilocuentemente⁵ contra esos asesinos que quieren legalizar el aborto, cuando la vi entrar. Con su camperita⁶ raída⁷, la cabeza algo inclinada hacia abajo para que nadie pudiera curiosear su dolor, atravesó el salón con paso decidido, como de reina pobre, y entró directamente a la capilla ardiente⁸ sin saludar a nadie.

No fui yo el único que la registró. Julio, que seguía obstinado en encontrar una explicación al suicidio de Martín, la miró azorado⁹. ¿La conocés?, le pregunté, y él negó con la cabeza. ¿Será ella?, susurró¹⁰ temeroso, y buscando mi complicidad, me preguntó: ¿No te parece loco que tu primo quisiera casarse con una chica así, tan… distinta? Y sin esperar

1   la vereda: (LAm.) *Gehsteig*
2   el porche: *Veranda*
3   la corona: *Kranz*
4   reparar en: darse cuenta de
5   grandilocuentemente: *hochtrabend*
6   la campera: (LAm.) la chaqueta
7   raído/-a: *abgetragen*
8   la capilla ardiente: *Trauerhalle*
9   azorado/-a: asustado/-a, nervioso/-a
10 susurrar: hablar en voz muy baja

mi respuesta, se despidió, como si le diera impresión cruzarse con ella.

Andrea avanzó por el gran salón, disimulándose[1] entre la gente. Un murmullo acalorado[2] se desprendía de los diversos
5 grupos, como si estuvieran todos discutiendo algo que no se podía decir en voz alta, quizás por respeto al muerto. Unos grandes candelabros le indicaron dónde se encontraba el cadáver. Dos hombres de mediana edad y una chica joven custodiaban el cajón[3]. Andrea se recostó[4] tímidamente contra
10 la pared, esperando su turno para verlo. Imaginó un señor mayor, con nietos y bisnietos, un ricachón[5] que quién sabe a cuántos había explotado para tener esa casa y tanta gente chupándole las medias[6] a la familia en su velorio. Cuando los hombres salieron y sólo quedó la chica, Andrea se acercó. Su
15 corazón dio un vuelco: esa piel de seda, blanquísima, transparente, luminosa, esos labios carnosos, entreabiertos, como si aún quisiera decir algo, eran los de un chico que cuántos años podría tener, ni veinte. Pobrecito. Menos que Tito.

Y ahí su primera lágrima, silenciosa.
20 ¿De qué habría muerto? No como Tito, ni la Colorada, ni Eduardo, las lágrimas bajando por su cara, el muerto estaba allí, en un cajón, entero, a la vista de todos sus familiares y amigos, en tanto que sus compañeros «abatidos[7] en un enfrentamiento», como escribieron en el diario, pero mentira,
25 porque Tito no tenía armas cuando salió de casa, y a Eduardo

---

1 disimularse: aquí: esconderse, intentar no llamar la atención
2 acalorado/-a: *hitzig*
3 el cajón: (LAm.) el ataúd; *Sarg*
4 recostarse: apoyarse
5 el ricachón: (pey.) persona rica
6 chuparle las medias a alguien: (Arg., col.) *sich bei jdm. einschleimen*
7 abatido/-a: *erschossen*

22   Llanto: Drama de enredos

y a la Colorada ya hacía diez días que los habían chupado[1], un sonido ronco soltándose de su garganta, y arrastrando poco a poco ese glóbulo[2] espeso que había estado armándose en Andrea desde que se llevaron a Tito, antes aún, desde diciem-
5 bre del 75, cuando la puerta destrozada, todo patas para arri-ba[3], y ellos, Tito y Andrea, huyendo del barrio, otros nombres, otra casa, las lágrimas ayudando a soltarlo, a desprender los sonidos, agudos ya, de los muros internos de su cuerpo, como si entre el muerto, allí, en su cajón, y su propio cuerpo
10 hubiera una conexión que permitía quebrar esa costra[4] dura, gris, sucia, implacable que retenía su llanto. La joven, a su lado, la miró un instante con curiosidad, y salió.

Cuando el chico y Andrea quedaron a solas, el llanto cobró vigor[5], se hizo trepidante[6], desesperado. Era como si el
15 muerto desconocido no sólo se lo permitiera sino que hasta le pidiera que llorara otros dolores, ajenos.

En el velorio parecía que todos me habían elegido para hacerme confidencias: Julio, la chica que limpia por horas en mi estudio y que también trabaja en lo de mis tíos, mi prima.
20 Quizás todos los que estaban en el velorio hablaran de lo mismo, disputándose la clave sobre el suicidio de Martín. Lo cierto es que yo tenía un gran archivo de datos (algunos que se contradecían entre sí), ninguna idea de por qué se suicidó mi primo y un nudo en la garganta imposible de aflojar[7].
25

1 chupar: (LAm., col.) detener
2 el glóbulo: *hier: Kloß*
3 patas para arriba: *durcheinander*
4 la costra: *Kruste*
5 el vigor: la fuerza
6 trepidante: *bebend*
7 aflojar: *lockern*

—Fue ella quien lo dejó —me susurró Caro, mi prima, cuando su llanto se hizo escuchar en el salón—, debe estar muerta de culpa. La voy a echar, ¿cómo se atreve a venir aquí?

Pero no se movió, tampoco mi tía, que, atrincherada[1] contra la pared, asomando apenas la cabeza, la espiaba sin decidirse a entrar. Mi madre fue a socorrer a su hermana, y también se quedó allí, las dos pegadas al suelo, inmóviles, incómodas, y ese llanto hondo, ululante[2], que se expandía por el salón, conmoviendo hasta al más indiferente.

Yo, aunque había entendido poco y nada de la historia, me puse inmediatamente de parte de la chica. Gracias a su dolor —no podía ser fingido— pude dejar de lado las especulaciones, y dar rienda suelta al mío. Martín se había matado. No lo vería nunca más.

Andrea levantó los ojos y vio a dos mujeres en la puerta, mirándola asustadas, como si no se atrevieran a entrar hasta que ella se fuera. Era injusto que acaparara[3] al muerto, se dijo, pero —la indignación la ganó— ¿acaso pudo ella llorar sobre sus muertos? No, ni siquiera pudo verlos, no tuvo la suerte que tenían esas mujeres que la querían intimidar.

Era un velorio, por qué no llorar, ella podría ser una amiga secreta del muerto, no por eso menos importante, iba a llorar todo lo que le diera la gana. Pero se calló. Una última mirada al chico y una sonrisa triste: perdoná mi bronca, al fin, vos qué culpa tenés de ser un muerto legal. Andrea dejó la capilla ardiente.

Ella salió con la cabeza levantada, como si el dolor de verlo a Martín muerto le hubiera dado coraje, y en lugar de irse, como todos pensábamos —era muy violenta la situación—,

1 atrincherado/-a: aquí: apoyado/-a
2 ulular: *schreien, heulen*
3 acaparar: *vereinnahmen*

se derrumbó[1] en uno de los sofás, y perdió su mirada al rojo vivo en un punto inubicable[2]. Con la cara expuesta a quien quisiera verla, ella desnudaba un dolor lacerante[3], crudo, que contaminaba. Quien más, quien menos, todos debían estar pensando —como yo mismo— que tal vez hubieran podido hacer algo por Martín. Por él ya era imposible, pero Marga estaba viva, y yo, en ese mismo instante, decidí que haría lo que estuviera a mi alcance para ayudarla.

Le ofrecí un café, ella asintió en silencio. Se lo serví. Al tío Esteban lo vi avanzar, morosamente[4], pero a unos pocos pasos de Marga, cambió de rumbo. Mi prima se paró frente a ella, y yo la fulminé[5] con la mirada. Como si conociera las intenciones de Carolina, ella comenzó a llorar, suavemente. Tomé a mi prima del brazo y la conminé[6] a alejarse:

—Ni una palabra ahora —le dije al oído—. Yo me voy a ocupar de ella.

—Echala —me ordenó Caro en un susurro crispado[7]—. Es un papelón[8] esta mujer aquí. La gente no sabe que Martín se suicidó, mucho menos que salía con ésa.

No pudo haberla escuchado (ya nos habíamos alejado bastante), sin embargo su largo gemido[9] pareció acusar el impacto de las palabras de mi prima. Me senté a su lado y, sin pensarlo, fue un gesto naturaI, le acaricié la cabeza y la acerqué suavemente contra mi hombro. Ella se dejó ir a mí, y poco a poco su llanto creció, como si la proximidad de mi cuerpo la

---

1 derrumbarse: dejarse caer
2 inubicable: *hier: unbestimmt*
3 lacerar: herir
4 morosamente: lentamente
5 fulminar con la mirada: *mit tödlichem Blick ansehen*
6 conminar: amenazar
7 crispado/-a: tenso/-a
8 el papelón: *peinlicher Auftritt*
9 el gemido: *Klagen, Stöhnen*

ayudara a liberar un dolor profundo y brutal, largamente encerrado. Y entonces yo me puse a llorar como no recuerdo haberlo hecho nunca, lloraba por Martín, y por ella, y por esa familia de mierda, la mía, que los había jodido tanto, y por mí, por mi cobardía.

—Ezequiel —era la voz de mi madre alzándose en medio de la sala—. Ezequiel.

Tomé conciencia del espectáculo que estábamos dando, cuando, sin dejar de abrazarla, volví la cabeza hacia mi madre y vi esos ojos como dagas[1] sobre nosotros. Mamá me hacía señas crispadas para que me acercara. Al interrumpir mi llanto, ella también se fue calmando, la apoyé cuidadosamente contra el respaldo del sofá y me levanté.

—Me querés decir qué hacés —sorprendida, indignada, mamá—. ¿La conocías vos? Nunca me lo dijiste. Me ocultaste que los veías —pensé que era extraño abrazarse y llorar con una desconocida pero no respondí nada—. Carolina dijo que vos le ibas a pedir que se vaya, ¿lo vas a hacer o no? Porque si se lo dice Esteban va a ser peor.

Allí estaban mis tíos, mi prima, y todo ese ejército de chismosos[2], pendientes[3] de mí. Me hubiera gustado mandar a todos a la mierda, decirles todo lo que hace años callo por comodidad, para evitar esas frases-sentencia[4] a las que son adictos, y que cada día me repugnan[5] más, pero no quería perturbarla más a ella con un escándalo de familia.

—Sí, mamá, ahora me la llevo.

Había sido sólo un hombro para apoyarse, un cuerpo que le transmitía calor, que la abrazaba, y luego alguien que lloró

1 la daga: *Dolch*
2 el chismoso: *Klatschmaul*
3 pendiente de mí: aquí: sin dejar de observarme
4 la sentencia: *Urteil*
5 repugnar: *abstoßen*

con ella, por su muerto seguramente. No se preguntó quién era hasta que el muchacho le propuso acompañarla, tomar algo juntos, ¿comiste vos hoy?, te va a hacer bien airearte un poco, si querés te acompaño a despedirte de Martín y nos vamos, dale.

¿Sería pariente del muerto?, se preguntó Andrea, ¿un amigo? Debía confundirla con alguien, si no, ¿por qué tanto cariño? Andrea observó entonces esas miradas hostiles, ávidas[1] algunas, despectivas[2] otras, se subió el cierre de la campera y se prendió del brazo de su nuevo amigo: Ya me despedí, vamos.

—No quiero hablar de eso —contestó a una pregunta de Ezequiel, mientras comían unos lomitos[3] en un bar—. A ver si me pongo a llorar otra vez y todos los que están en el bar me miran con odio, como en el velorio.

Era impropio ponerse a reír, cuando él la suponía —lo dedujo por las palabras de consuelo que le dijo en el auto[4]— la novia del chico muerto. Pero la escena que acababa de vivir, la que estaba viviendo en ese mismo momento, le pareció tan disparatada que su risa estalló y Ezequiel, como antes en el llanto, la acompañó con sus carcajadas[5]. ¡Era tan simpático! A Andrea le daba culpa mentirle tan descaradamente[6], pero la acallaba con cada bocado de comida caliente.

—¡La cara que tenían! —festejó Ezequiel—. Son todos unos grandes hijos de puta. Bueno, no te lo voy a contar a vos —y su risa se cortó abruptamente.

---

1 ávido/-a: *gierig*
2 despectivo/-a: *geringschätzig*
3 el lomito: (Arg.) bocadillo con carne
4 el auto: (LAm.) el coche
5 la carcajada: reírse mucho
6 descaradamente: *frech*

Llanto: Drama de enredos

Apoyó entonces su mano sobre la de Andrea y mirándola a los ojos, en voz muy baja, le dijo: Podés contar conmigo, Marga, para lo que necesites.

Andrea pensó que sería tan bueno creérselo, y pedirle todo
5 lo que ella necesitaba: una casa donde esconderse, comida, sueño. Pero cómo sugerirlo desde Marga, de quien ella no tenía ni idea y a quien, sin proponérselo, estaba suplantando[1].

Por si acaso no le dije que sabía lo del embarazo (tampoco
10 yo lo tenía claro, era en ese punto que las versiones diferían más), sólo generalidades: que Martín la quería mucho, que la familia se oponía, lo que no me extrañaba porque mi tía siempre fue una bruja, que ella era muy linda, lo que es cierto. Y ella entonces me hizo una sonrisa que me despertó
15 una inmensa ternura, casi la abrazo de nuevo en medio del Dandy. No es muy linda, pero es dulce, tierna[2] y una mina de verdad, qué tonto Martín matarse teniendo una mujer así.

Me pidió que habláramos de cualquier cosa, demasiado dolor ya esos últimos días, y yo le conté del estudio, de los
20 primeros casos laborales que estoy resolviendo, y me embalé[3] y seguí hasta que la vi cabecear[4].

Le ofrecí llevarla a su casa y puso tal cara de angustia[5] que me partió el alma. No quise preguntarle qué le pasaba, supuse un gran conflicto familiar que ella no podría enfrentar esa
25 noche, o que no se atrevería a mostrar donde vivía a alguien de la familia de Martín, después del escándalo que armó mi tía cuando se presentó en su casa.

---

1 suplantar: aquí: asumir un papel
2 tierno/-a: *zärtlich*
3 embalarse: *in Fahrt kommen*
4 cabecear: dormirse
5 la angustia: el miedo

—No me importa que sea lejos. Moreno, ¿no?

Lanús, me contestó ausente y luego se corrigió: sí, Moreno, como si no supiera dónde vivía, o ya no diera más. Entonces se me ocurrió ofrecerle que se quedara en mi estudio, dormiría antes, y yo la llevaría mañana o pasado. Como me miraba fijo, y muy seria, temí que interpretara mal.

—Yo te dejo y me voy, no te preocupes, ya te dije que todavía vivo en la casa de mis padres.

No pensé que aceptaría pero me dijo: Bueno, dale.

La vi tan desvalida[1], tan chiquitita[2], que tuve que controlarme para no abrazarla ahí mismo, en el Dandy. Y del estudio me fui rápido porque me pasó algo más fuerte todavía, cuando la vi allí, al pie de la cama, con la remera[3] que le presté para que durmiera cómoda, los labios apretados, y los ojos todavía rojos, ese dolor compacto, sentí un inmenso deseo de meterla en la cama yo mismo, y taparla bien, y deslizarme[4] a su lado y darle calor, y consuelo, y acariciarla suavemente toda la noche. Tan lastimada, tan querible, tan sola y yo con tantas ganas de quererla, de cuidarla. Pero sólo alcé mi mano hacia su pelo en un gesto rápido y le dije:

—Descansá, tratá de dormir, mañana te traigo medialunas[5] calentitas. Y no te preocupes, ya les dije a los chicos que trabajan conmigo que no vengan mañana. Te podés quedar acá hasta que estés mejor.

Sí, me quedo hasta que el mundo cambie totalmente, hasta que ganemos, pensó Andrea pero sólo dijo un «gracias» que Ezequiel no llegó a escuchar porque ya había cerrado la puerta del departamento. Hasta siempre no, pero al día siguiente

1 desvalido/-a: *schutzbedürftig*
2 chiquitito/-a: muy pequeño/-a
3 la remera: (Arg.) la camiseta
4 deslizarse: *gleiten, rutschen*
5 la medialuna: aquí: el cruasán

era viernes, se podría quedar hasta el domingo. Aprovechar esos días para encontrar adónde ir. ¿Y si le dijera la verdad a Ezequiel, y le pidiera ayuda?, parecía un buen pibe[1]. No, imposible. Ella no era la novia de su primo. Y un pibe de una
5 familia que vivía en ese lugar no podía estar de acuerdo con ellos. ¿Y si la guardaba ahí y, cuando se enteraba de quién era, la denunciaba? Bueno, si no era así, sería de otro modo, ¿por qué iba a salvarse ella cuando sus compañeros no? Casi quería que sucediera de una vez por todas, pensó justo al borde del
10 sueño.

Eran las siete cuando se despertó sobresaltada[2] por una pesadilla, miró alrededor y se dio cuenta de que estaba en el estudio de Ezequiel. Evocó su sonrisa tierna y se dijo que probablemente él la ayudaría y no la denunciaría, pero con
15 qué derecho iba ella a comprometerlo y que terminara como Tito, o como Carmen. Se vistió rápido y se fue.

II

Madrid, 2005

Aunque no es testigo, ni tampoco abogado en ese juicio,
20 Ezequiel ha viajado especialmente a Madrid para estar presente. Tres días hace que se sienta entre el público de la sala de la Audiencia Nacional española, pero aún le cuesta creer que sea verdad lo que está viendo. A pocos metros de él, unas sillas más adelante, está sentado Scillingo, el marino[3] «arre-
25 pentido[4]», Ezequiel puede ver sus movimientos: cómo asiente con la cabeza cuando declaran los testigos, cómo se levanta

1 el pibe: (Arg., col.) el chico
2 sobresaltado/-a: asustado/-a
3 el marino: *Seemann*
4 arrepentido/-a: *reuig*

a hablar con su abogado, cómo se toca a cada rato el zapato. Que se juzgue públicamente a uno de los asesinos era inimaginable hace pocos años. Y que se escuche a sobrevivientes de distintos campos de detención (y no sólo a los que tuvieron relación con el ex marino al que juzgan) para demostrar cuál era el plan siniestro[1] de las tres armas[2], es casi increíble. «Y esto es sólo el principio, Fernanda —le dijo, eufórico, ayer a su mujer por teléfono—. Acordate de lo que te digo, en un tiempo los tenemos a todos en el banquillo[3]. Y en la Argentina.»

Le gustaría que Fernanda hubiera podido estar allí con él para ahuyentar[4] esta congoja[5] imprecisa y loca que crece y se instala en Ezequiel, inoportuna, aguafiestas[6]. Creía tenerla controlada... Ya no más su corazón latiendo[7] a golpes desparejos[8] cuando, por la calle, detrás de un pelo largo, castaño, creía descubrirla a ella, viva; o peor aún, cuando pretendía inventarla en el testimonio de algún sobreviviente. Todo ayudó a salir de esa obsesión: el psicoanálisis, Fernanda, algunos logros, los chicos, y el simple paso del tiempo.

Sin embargo, ahí está ahora Ezequiel, veintisiete años después, reprochándose no haber podido salvarla aquella noche, estar tan ciego como para no sospechar lo que le pasaba. Una culpa húmeda, pegajosa[9], enredándose[10] en jueces y abogados, testigos y público, pesando sobre Ezequiel otra vez,

---

1 siniestro/-a: oscuro/-a
2 el arma: la sección del ejército
3 el banquillo: *Anklagebank*
4 ahuyentar: *verscheuchen*
5 la congoja: el dolor, la tristeza
6 el aguafiestas: *Spielverderber*
7 latir: *schlagen*
8 desparejo/-a: aquí: irregular
9 pegajoso/-a: *klebrig*
10 enredarse: *sich verwickeln, sich verstricken*

Llanto: Drama de enredos

como durante tantos años. Tal vez porque anoche le habló de ella a su colega español.

«Ella» es un nombre para Ezequiel, el de la chica que durmió en su estudio en 1978. Alguien muy importante en su vida —le explicó anoche al abogado—, fundamental, porque antes de conocerla, él vivía en un túnel, de oro pero túnel al fin, a oscuras, y por ella pudo salir a la superficie, a la luz, en aquellos años de sombras en los que vivían. Ezequiel había forzado —ya ni recuerda cómo— a su tía a que le diera la dirección de la novia de su primo y comprobó con sus propios ojos que no era «ella». Recordó entonces lo que ella le había dicho y fue a buscarla a Lanús. Pero llegó tarde. Cuando el dueño de uno de los bares en los que entró, le contó en un murmullo que la noche anterior había habido un operativo y se habían llevado a una chica como la que él describía, no tuvo dudas. En cada hábeas corpus[1] que presentó, en cada caso del que se ocupó, ella estaba ahí. Con otro nombre, otras historias. No le costó imaginar por qué lloraba ella en el velorio de su primo. Ni tampoco, desgraciadamente, suponer su destino: desaparecida.

—Pero cómo lo sabes, si ni siquiera conoces su nombre, no puedes haberla visto en una lista de desaparecidos, ni reconocerla en un testimonio —le dijo Manuel, el abogado que representa a sus clientes en los juicios de Madrid.

Efectivamente, ni su nombre sabe, lo que no le ha impedido buscarla aquí y allá, para desembocar siempre en un callejón sin salida. Y no importa que ella no sea alguien de su familia, ni una amante, ni una amiga, ni que apenas la haya conocido —como le dice su mujer con toda razón—, Ezequiel no es capaz de evitar ese amorfo[2] desasosiego[3] que le ha

1 el hábeas corpus: *Haftprüfung*
2 amorfo/-a: *formlos, verschwommen*
3 el desasosiego: *Unruhe*

producido, y le produce ahora mismo, no saber adónde la llevaron, qué le hicieron, dónde está su cadáver, no conocer el nombre de sus asesinos...

Estoy temblando como una hoja, no voy a poder declarar, no creo que me salga la voz, estoy mareada, le voy a decir al abogado que aplace[1] la audiencia para mañana. Pero ¿cuál es la diferencia?, ¿la toga negra de estos jueces, sus caras adustas[2]?, ¿que esta sala está lejos, muy lejos, en otro país? Eso debería aliviarme. Voy a vomitar, me quiero ir. Pero no puedo, no debo. Ellos sólo tienen mi voz, y las de los que sobrevivimos.

Tampoco fue fácil la otra vez y lo hice. Tengo la fórmula: es otra la que está allí, es Andrea pero no yo. Pasan las imágenes como fotogramas[3] de una película y yo me limito a describir objetivamente: vi a tal compañero, a tal otro, sucedieron tales hechos, lo más importante, sin dolor, sin odio. La memoria activa y anestesiada[4]. Me llaman. Me pongo de pie y avanzo.

Pese a su tono monocorde, a la escasa, casi nula emoción con que la mujer relata los hechos, una vibración extraña sacude la sala cuando cuenta lo que presenció en el campo de detención. Hechos, nombres, una sobriedad[5] impecable[6], sin duda labrada por el esfuerzo, admira Ezequiel.

Nada en su actitud, en su voz evoca ese llanto que Ezequiel escucha detrás de sus palabras, el de ella entonces. Como si la sola evocación pudiera derribar el dique[7] de contención de la

---

1 aplazar: *verschieben, vertagen*
2 adusto/-a: aquí: *serio/-a, severo/-a*
3 el fotograma: *Standbild*
4 anestesiado/-a: *betäubt*
5 la sobriedad: *Nüchternheit*
6 impecable: *makellos*
7 el dique: *Damm*

Llanto: Drama de enredos

mujer, que por favor estalle, que se alivie[1]. Pero esas lágrimas que ya no puede contener son las de Ezequiel, la mujer termina su testimonio sin que su tono se altere y sale de la sala.

Lo hice bien, no me olvidé de nada, me dicen mis compañeros, me abrazan, y yo que gracias, gracias, pero que ahora entren en la sala, yo en un rato voy, estoy bien, de veras, sólo necesito sentarme aquí, a solas, serenarme.

Ezequiel no puede concentrarse en la declaración del fiscal argentino y sale de la sala. En el vestíbulo[2] lo atrapa ese llanto quedo[3], como un río corriendo por su cauce[4], tan distinto al de ella entonces. Sus ojos impacientes buscan, y ahí, sentada en un banco, está ¿la testigo?, él sólo la vio de atrás. Gana a grandes pasos la distancia que lo separa, se para frente a ella y la mira sin tapujos[5], sin el menor disimulo, quiere alzarle la cara, pero no es necesario porque ella ahora lo mira, sorprendida, el llanto se interrumpe, como tragándose a sí mismo.

—¿Sos vos? —pregunta ansioso—. Soy Ezequiel —dice torpemente porque ella no debe acordarse—, el primo de Martín, el que creí tu novio.

La sonrisa de Andrea, cuando se pone de pie, se abre a una risa clara, espléndida, a la que Ezequiel se suma, cuando ella estira los brazos hacia él. Una carcajada de escándalo. Un ataque de risa, como se decía cuando eran chicos, que los sacude en el abrazo. La vida.

---

1 aliviarse: *sich erleichtern*
2 el vestíbulo: *Foyer, Vorhalle*
3 quedo/-a: *quieto/-a*
4 el cauce: *Flußbett*
5 sin tapujos: aquí: directamente, abiertamente

Siete noches de insomnio

—Vaya cara tienes, cielo —le dijo Ramón esa mañana—, se te ve agotada[1].

—Duermo mal últimamente —le respondió Laura.

—Toma píldoras para dormir.

5 Pero Laura no quiere. Esas horas de insomnio y silencio las está aprovechando bien.

No fue la primera, ni la segunda noche, después que Laura reconoció a Pepón en la casa de su vecina, que se lo ocurrió la idea de matarlo.

10 Al principio fueron sólo imágenes, un abrirse la tapa de la memoria, sin su permiso, y saltar en medio de la noche, en su cuarto de Valencia, veinti... ¿cuántos años después?, la camilla[2], ella desnuda y la electricidad sacudiéndola, esa voz de pájaro exaltado interrogándola, y ella: no sé, no sé, Paja-
15 rito cruzándole la cara de un bofetón[3]: hablá, basura. Laura con los ojos cerrados con fuerza en la oscuridad de su dormitorio de Valencia, como los cerró aquella noche en la celda, cuando aquellas otras manos —que aún no sabía que eran de Pepón— se metieron por abajo de su pulover, y acariciaron
20 suavemente su espalda, la boca en su oreja: te quiero, nena[4]. Laura flaquita[5] y lastimada[6], temblando, que la quiera sí, que alguien por favor la quiera en ese infierno donde la llevaron.

---

1 agotado/-a: muy cansado/-a
2 la camilla: *Bahre, Liege*
3 el bofetón: *Ohrfeige*
4 la nena: aquí se utiliza como expresión de cariño
5 flaquito/-a: muy delgado/-a
6 lastimado/-a: herido/-a

Las manos tibias[1] de Pepón dándola vuelta en el catre[2], despacito, como si ella fuera una muñeca de porcelana que se pudiera quebrar, qué te hicieron, pobrecita, besos suaves en el cuello, en el pecho, la lengua lamiendo sus heridas, mi chi-
5 quita, linda, yo te voy a curar.

La segunda noche de insomnio pudo verlos nítidamente[3], a los dos, a Pepón y a Pajarito, sus tenebrosas imágenes violentando la atmósfera clara de su casa, tantos años después, porque si bien aquella noche, y probablemente la siguiente,
10 cerró los ojos cuando Pepón entró en su celda, después ya no. Ella podría dibujar con precisión sus labios finitos, sus dientes blanquísimos, la ceja izquierda levemente alzada, los ojos negros y brillantes, y reconocer su voz entre miles de voces: te quiero, nena; como la de Pajarito: hablá, pendeja[4] de mier-
15 da, su cara feroz y el odio chorreándole[5] como baba[6] cuando la torturaba.

Aunque el otro día Pepón estaba de perfil, arreglando el cable de una plancha, lo reconoció de inmediato. Su vecina, Pilar, le había dicho: «El electricista es muy cachondo[7], no
20 sabes lo que me ha hecho reír. Y muy eficiente, me está arreglando todo lo que anda mal en casa. ¿A que es guapo todavía? Tiene sus años, pero cuando sonríe, parece un chaval». Pilar había abierto la puerta de la cocina de su piso para que Laura lo mirara: «Ah, pero si es de tu tierra».

1 tibio/-a: ni caliente ni frío
2 el catre: *Feldbett*
3 nítidamente: claramente
4 el pendejo: el idiota
5 chorrear: *triefen*
6 la baba: *Schleim*
7 cachondo/-a: aquí: gracioso/-a

Siete noches de insomnio

Y fue verlo y saltar, como un gato negro y salvaje, a los tiempos del espanto[1]. Arrugas[2] profundas en su rostro, pelo gris, qué gracioso, pensó Laura, ahora es Pepón el canoso[3].

Diecisiete años tenía Laura cuando se le pintó de blanco el pelo. No sabe cuándo exactamente (los únicos espejos que le devolvían su imagen en el campo de detención eran los ojos enamorados de Pepón, o los siempre tan odiándola de Pajarito), tampoco si ese encanecer[4] súbito se lo produjo la electricidad sacudiendo su cuerpo en la camilla de tortura, o esa otra electricidad deseante y deseada en el catre de su celda.

Fue la tercera noche después del reencuentro, cuando las caras de Pepón y Pajarito se sucedían una a la otra en su noche de Valencia, se mezclaban, y la voz chillona[5]: hablá, basura, no lograba tapar la voz susurrada[6]: te quiero, nena, cuando Laura se preguntó, por primera vez en ventitantos[7] años, a quién odiaba más: si a Pepón o a Pajarito.

La respiración acompasada[8] de Ramón la tranquilizó, estaba con él, lejos pero muy lejos de esos dos canallas[9], en otro país, en otra época. Ramón sonrió dormido, y ella pensó qué distintos los sueños de su marido dormido a las pesadillas de ella despierta.

Un par de veces nada más, años atrás, Laura le habló a Ramón del campo de detención, el ruido de los grilletes[10] en la escalera, el lugar donde los torturaban, comentarios obsce-

1   el espanto: el horror
2   la arruga: *Falte*
3   canoso/-a: tener el pelo gris
4   encanecer: cuando el pelo se vuelve gris
5   chillón/-ona: *schrill, grell*
6   susurrar: hablar en voz muy baja
7   veintitantos años: entre veinte y treinta años
8   acompasado/-a: aquí: tranquilo/-a
9   el canalla: *Dreckskerl*
10 el grillete: *Fußfessel*

nos y gritos lacerantes[1] mezclándose con la música de la radio, la voz cascada[2] de Pajarito, sus insultos, sus cachetadas[3], y esa tarde lloraron los dos hasta saciarse[4]. No lo mencionaron más (ella se lo había pedido) pero cuando tiene
5   miedo y se despierta gritando, o en tantos otros momentos que las heridas se abren, Ramón la abraza y Laura sabe que él se acuerda de lo que le contó de Pajarito.

De Pepón nunca le habló, ni podría hablarle, ni llorar fuerte con Ramón, para luego dejarse rodar a esa vida cálida, ese
10 contar con el otro, y apoyarse y elegirse una y otra vez y apostar al amor. Elegirse entre todos los hombres y todas las mujeres libres del mundo. ¡Tan distinto!

Diecisiete años tenía entonces, apenas asomándose[5] a la vida, y de pronto la esclavitud, el tormento cotidiano, tanta
15 pero tanta locura. Ella esperaba en silencio aquellas manos tibias sobre su cuerpo lastimado, aquellas caricias que fueron creciendo poco a poco, escandidas[6] por palabras amorosas. Hasta en eso fue cruel Pepón, no la violó, no la poseyó ni la primera, ni la segunda vez, no, la doró[7] lentamente, le dio
20 tiempo a su cuerpo de mujer sin estrenar[8], de llaga[9] viva, a desear otro cuerpo, aquella pasión en la que se enroscaban[10] y se desesperaban y entonces no había chupadero[11], ni Pajarito, ni interrogatorios, ni picana[12], ni traslados, sólo dos cuerpos

1   lacerante: lleno/-a de dolor
2   cascado/-a: überanstrengt
3   la cachetada: (LAm.) Ohrfeige
4   hasta saciarse: aquí: hasta que no pudieron más
5   asomarse a la vida: aquí: empezar a vivir
6   escandir: skandieren
7   dorar: aquí: excitar
8   estrenar: einweihen
9   la llaga: la herida
10 enroscarse: sich winden
11 el chupadero: (Arg., col.) el centro de detención
12 la picana (eléctrica): Elektroschocker

vivos intentando abolir la muerte que se cernía día a día sobre Laura y sus compañeros.

Odio más a Pepón, se respondió, sin ninguna duda, la cuarta noche, porque cuando evoca a Pajarito, sólo odia a
5 Pajarito, y cuando evoca aquellas noches de sexo y ternura... ¡y hasta proyectos!, no sólo odia a Pepón, se odia tanto pero tanto a sí misma.

Un día, cuando todo pasara —soñaba en voz alta Pepón—, ellos se irían a vivir juntos, en una casa frente al mar, donde
10 él pediría que lo destinaran. Laura le había agregado[1] un jardín lleno de plantas y flores, al que sujetarse cuando los gritos de sus compañeros la taladraban[2], y los miércoles, sobre todo los miércoles, cuando se decidía a quiénes iban a trasladar.
15 Laura no creía que pudiera salir nunca, cualquier miércoles sería ella quien bajara con los otros. Y nunca más. Pero a Pepón no le gustaba que se lo dijera, que no, que ella iba a salir.

Si la quería tanto, y sufría por ella, que la sacara de ahí, le
20 pidió a Pepón. Y él, no puedo, Laurita, es imposible, nos matarían a los dos. Pero haría lo que estuviera en sus manos para que no la lastimaran más, le prometió. Y como al cabo de un tiempo, a ella casi no la sacaban para interrogarla, pensó que Pepón —aunque no se lo confesara por temor a
25 que ella cantase— les había dicho que Laura no sabía nada, que no conocía a los montoneros[3] por los que le preguntaban, en serio, Pepón, no tengo idea, te lo juro. Ella formaba parte de una organización estudiantil, hacían protestas, asambleas, pero no tenían armas. Cuando la fueron a buscar a
30 su casa, y cortaron todo el tráfico, con cuatro automóviles, y

1 agregar: añadir; *hinzufügen*
2 taladrar: *durchbohren*
3 los montoneros: guerrilla peronista en Argentina

Laura vio el enorme despliegue[1] para llevársela sólo a ella, estuvo segura de que la habían confundido con otra persona. Pero nunca pudo convencerlos. Pajarito no le creyó. Pepón sí le creía, pero él no participaba en los interrogatorios, era sólo un oficial de mantenimiento, por eso no podía responderle cuando Laura le preguntaba adónde iban los que trasladaban, si era cierto que los llevaban a un campo en el sur para rehabilitarlos, o los asesinaban. Y él: que no sabía, que tenía una buena relación con sus superiores, pero que tampoco se creyera que le decían todo.

Y si ahora la vida le daba la oportunidad de preguntárselo, de hacerlo pagar, ¿por qué desperdiciarla?[2], se preguntó la cuarta noche. Pepón está ahí, en Valencia, viviendo como uno más, ocupando un lugar en la sociedad, electricista, como Ramón arquitecto y ella médica. Repugnante.

Laura declaró ante la CONADEP[3] en 1984, pero no nombró a Pepón. Un amigo le sugirió que se presentara como testigo en los juicios de Madrid, pero ella le dijo para qué, ya había dicho todo lo que recordaba hacía años. Y así lo creía, Pepón parecía sepultado en su memoria, hasta esa tarde en que lo vio en la cocina del piso de su amiga.

—Le presento a una paisana suya —dijo Pilar, y Laura quiso esconderse, pero tarde porque él la estaba mirando, sus dientes centelleantes[4] explotando en su cara gastada[5].

—Un gusto, guapa —dijo sacándose la gorra, y haciendo una reverencia. Cascada pero la misma voz, la voz del te quiero, nena—. No me negarás, Pilar, que las argentinas son las mujeres más lindas del mundo.

---

1 el despliegue: *Aufgebot*
2 desperdiciar: *vergeuden*
3 la CONADEP: Comisión Nacional sobre la Desaparición de Personas; investigó los casos de los desaparecidos durante la dictadura
4 centelleante: brillante
5 gastado/-a: *verbraucht*

Laura, clavada[1] en el vano[2] de la puerta, habrá hecho alguna mueca[3] intentando una sonrisa. Y él no la reconoció, está segura. La miró pero sólo para volver a Pilar: aunque tú eres la excepción, Pilar.

Laura ya no huye ante aquellas imágenes del campo de detención, las convoca deliberadamente, para darse fuerza, para encontrar el coraje y la imaginación necesarios para llevar a cabo lo que surgió la cuarta noche de insomnio y que minuto a minuto toma forma.

La quinta noche siente arder su piel tantos años después al recordar aquella madrugada, cuando Pepón entró intempestivamente[4] en su celda. ¿Qué había pasado? Laura no le entendió. Él estaba completamente fuera de sí, temblaba, las palabras atropellándose cuando le contaba que esa noche había ido en los camiones con los trasladados y que después tuvo un accidente, dio un falso paso, casi se cae, y va a parar con ellos.

—¿Adónde?

Y él, un gesto abyecto[5], que Laura no le conocía: que no le preguntara nada, que lo amara, era él quien necesitaba cuidados, tranquilizarse.

Laura recuerda bien aquella madrugada, porque le costó mucho acariciarlo, su piel estaba fría y como sucia, como si la echara aunque le pidiera mimos[6], y era peor si se ponía a pensar de dónde casi se cayó, qué estaría haciendo, no había jardín con flores donde sostenerse, él sobre ella, tratando de hacerle el amor, pero no podía, por suerte, aquella noche él

---

1 clavado/-a: *hier: wie festgenagelt*
2 el vano: *Öffnung*
3 la mueca: *Grimasse*
4 intempestivamente: *a una hora insólita*
5 abyecto/-a: *niederträchtig*
6 el mimo: la caricia

no pudo, su sexo chiquitito[1], arrugado, y él llorando en silencio, Pepón llorando y yéndose de su celda, avergonzado. ¿Avergonzado porque no pudo poseerla? —piensa ahora, veintitantos años más tarde—, ¿o avergonzado por lo que seguramente había hecho aquella noche?

Se lo preguntará, antes de matarlo, decide la sexta noche de insomnio. Pepón nunca quiso explicárselo, cuando Laura intentó conocer los detalles de aquel accidente, él le prohibió terminantemente que se lo recordara, y furioso, se fue de su celda. Tal vez temía, piensa Laura, que algo de lo que vivía con ella pudiera derretirle[2] esa coraza[3] con la que atesoraba[4] sus sucios secretos.

Te quiero, nena, te quiero mucho. Un susurro que se alarida[5] en su cuarto en Valencia.

Y Laura le creía, ¿lo quería? Sí, lo quería cuando él le pasaba un algodón empapado de alcohol sobre los tobillos[6] lastimados por los grilletes, lo quería cuando le llevaba medialunas[7], y hasta una tarta pascualina[8].

En el chupadero: la tortura y las caricias, los gritos y los susurros, el mejunje[9] repugnante[10] y las medialunas. Ésa fue toda su opción, concluye la séptima noche después del encuentro con Pepón en Valencia.

1 chiquitito/-a: muy pequeño/-a
2 derretir: aquí: destruir
3 la coraza: *Panzer, Harnisch*
4 atesorar: acumular, reunir
5 alaridarse: aquí: llorarse, gritarse
6 el tobillo: *Knöchel*
7 la medialuna: aquí: el cruasán
8 la tarta pascualina: *Ostertorte (Spezialität in Argentinien und Uruguay)*
9 el mejunje: *Gesöff*
10 repugnante: *widerwärtig*

Diecisiete años tenía entonces, pero aun así ¿cómo pudo creer que eso era amor? Cuánto se odia. Ella tiene que poder volcar todo ese odio en Pepón, y arrancar de cuajo[1] aquellas noches infames de su memoria.

No en vano[2] el destino ha llevado a Pepón a Valencia, entre tantos lugares en el mundo, justo el mismo donde Laura se ha refugiado, no de ellos, porque hace años que no están en el poder, sino de su propia memoria. Como si poniendo un océano de distancia, los recuerdos quedaran enterrados allá lejos.

Laura le pide a sus padres que vengan a visitarla, a ella no le gusta viajar a la Argentina, se desorganiza, no quiere estar tan lejos de sus pacientes, de sus cosas, pretexta, y ellos la comprenden sin preguntas, Ramón también. Todos ayudándola. Pero bastaron esos cinco minutos en la casa de Pilar, ver esos dientes repugnantemente blancos de Pepón, para que toda esa sólida construcción de familia y marido y profesión y amigos españoles se desmorone[3] y ella esté ahí, a expensas de[4] sus recuerdos.

Debe tener la posibilidad de hablar con Pepón, no quiere más ignorar y tapar para seguir viviendo, quiere saberlo todo: si casi se cae del avión desde donde arrojaban vivos a sus compañeros al mar, si estaba con ella para sacarle información o si en serio creía que Laura iba a salir y la casa frente al mar y los tres hijos o era una tortura más sofisticada que la de Pajarito, una manera de instalarse en Laura, de hacerla su cómplice, y seguir ensuciándola, toda la vida.

1 de cuajo: por completo
2 en vano: *umsonst, vergebens*
3 desmoronarse: deshacerse
4 a expensas de: *etwa: ausgesetzt, abhängig von*

Siete noches de insomnio

Lo que sí fue cierto es que ella salió. El mismo día en que la dejaron en el descampado[1], esperando las primeras luces para caminar hasta su casa, Laura supo que no vería más a Pepón, que el amor o lo que fuera que había sentido por él se eva-
5 poraba con cada paso, con el sol subiendo, y su cuerpo en libertad. Entonces huir lo antes posible de la Argentina, huir casi más que de los otros, de él, porque si acaso Pepón la iba a buscar, y le decía a sus padres lo de la casa frente al mar y los tres hijos, ella se moriría de vergüenza, lo negaría, diría que
10 era todo un invento de él, una manera entre otras de flagelar-la[2], que esa historia nunca había existido.

Curioso, se dice la séptima noche, que ella pudo pensar que lo de Pepón era una tortura más, sin embargo le hicieron falta veintiséis años, sí, veintiséis años y verlo, convocar esas
15 imágenes para darse cuenta de que lo que inventó como ex-cusa para sus padres es la más absoluta verdad. Más daño le hizo Pepón con sus manos, con sus frases amorosas, que Pajarito con su picana. Y ella lo permitió, le gustaba incluso, se acusa sin piedad.
20 Ahora ha sacado el tapón, y esas imágenes rancias estre-chan los muros de su cuarto en Valencia: Pepón y Laura abra-zados, amándose, jadeos[3] tapando los gritos, el aire se torna irrespirable, aquel olor fétido[4], el olor del miedo, colándose en su cuarto de Valencia, y aquel placer que sintió entonces,
25 este profundo dolor.

Ramón sonríe dormido. Laura se levanta rápido de su cama y sale al balcón. Pudor[5]: no puede dar vida a esas escenas

---

1 el descampado: *offenes Feld*
2 flagelar: torturar
3 el jadeo: *Keuchen*
4 fétido/-a: *übelriechend*
5 el pudor: *Scham*

obscenas en la misma cama en la que duerme con Ramón, su amor, su compañero.

La brisa fresca y la vista al jardín del edificio la salva, la instala en el presente. Cierto que gozaba, cierto que creyó quererlo pero no es lo mismo, reacciona, ella tenía sólo diecisiete años y estaba en condiciones de esclavitud, él era un adulto, un total y miserable hijo de puta. Y no puede andar suelto como si nada. Ella hará justicia con sus propias manos. Está sola, lo sabe, hablar de Pepón sería hablar de ella entonces, y Ramón no la querría más.

Un accidente, un cable que ella pelará antes, Pepón trabajando en él, la palanca[1] de la luz en la otra dirección. Pepón electrocutado. Deberá renunciar a hablarle antes.

Laura se ha encerrado en su cuarto y no quiere que Ramón le siga pidiendo que vaya a tomar una copa con ellos.

—Fue sin querer, Ramón, una distracción.

—Por supuesto, cielo, no lo vas a hacer aposta[2], pero no te pongas así, no llores, no pasó nada, un accidente. El tío es muy simpático y ya se le ha pasado el susto.

—No quiero que me vea.

—No va a decirte nada, Laura, ven, es lo menos que podemos hacer, beber una copa juntos. Le he invitado a cenar. Ven.

—No, no iré.

—Pero ¿por qué?, cabezota[3].

—Porque él me denunciará.

Ramón, que no, que no fue tu culpa, sí, yo sabía que él había cortado la luz cuando encendí la llave[4] de paso al

---

1 la palanca: *hier: Schalter*
2 aposta: *absichtlich*
3 el cabezota: *Sturkopf*
4 la llave: *hier: Schalter*

Siete noches de insomnio

entrar, pero no pensaste, no sabías que, y harta, Laura: lo que no sabía es que iba a saltar el disyuntor[1], yo quise matarlo.

Ramón no le cree, la abraza, no te va a pasar nada, cariño, estás conmigo, estás en Valencia, vale, descansa, inventaré una excusa, pero ya lo he invitado a cenar, y no le diré que se vaya, después de lo que le hemos hecho, sin querer, pero…

—Por favor, no le hables de mí… de mi historia, no le cuentes nada.

—Por supuesto que no, Laura.

—¿Me lo prometes?

Ramón sale del cuarto.

—Descansa, cielo.

¿Se va a quedar a cenar? ¿Será posible? ¿Y si le pusiera veneno en la comida? Eso le daría tiempo a hablarle. Pero no, porque está Ramón.

Se lavará la cara, irá a la cocina, Pepón no va a reconocerla. Veinte kilos y veintiséis años más. Tiene el polvo de veneno para los ratones, lo pondrá en la taza del gazpacho, y ella se la servirá, para evitar confusiones.

Pero Pepón no la toma, la está mirando fijo, ¿la habrá reconocido?

—¿De qué barrio sos?

—De Congreso.

Ramón extrañado: no le había dicho que es de… Y Laura hablando encima: el kilómetro 0, el centro de la ciudad. Mm qué bueno está el gazpacho, no tengo abuelita[2], me pondero[3] yo misma.

—Buenísimo —dice Ramón.

---

1 el disyuntor: *Sicherungsschalter*
2 no tener abuela: (col.) a las personas que se alaban a sí mismas se dice «¡Parece que no tienes abuela!» puesto que normalmente son las abuelas que alaban mucho a los nietos
3 ponderarse: alabarse

Los ojos de Pepón escrutándola[1], ¿la ha reconocido?

—¿Llevas tiempo en España, Pepe? —pregunta Ramón.

—Unos cuantos años.

Pepón no prueba la sopa. Sospecha. Laura no le preguntará
nada o quedará en evidencia.

—¿Y vos? —los ojos negros escarbándola[2], ¿la ha reconocido?

—También, unos cuantos.

—¿Viniste huyendo de la dictadura?

—No, nada que ver, vine por amor, conocí a mi marido en
Perú, y nos hicimos novios.

Ramón nunca estuvo en Perú, pero, siempre par, siempre
cómplice, le devuelve la sonrisa.

—Perú, qué maravilla. ¿No le gusta el gazpacho, Pepe?

—No mucho, la verdad.

Y esos dientes, blanquísimos, intactos, se exhiben sin pudor a Laura, que se apresura a sacarle la taza.

—Déjamela a mí, Laura —pide Ramón.

¿No le había dicho en secreto que la llamara María? Ramón
se olvidó. Si Pepón tenía alguna duda, ya no.

—Laura, bonito nombre —su sonrisa cínica, y su repugnante voz: te quiero, nena, pero ahora es como si dijera: antes
te voy a matar yo.

Y ella, huyendo, con el gazpacho envenenado.

—No te quedará hambre para saborear mi plato, amor.

Será riesgoso ponerle veneno al pollo, cómo saber qué
pieza le tocará, además está sobre aviso[3]. Laura con la bolsa de
veneno en la mano, y la voz de Pepón, como un fustazo[4]: ¿Te
ayudo, Laura?

---

1 escrutar: examinar en detalle
2 escarbar: *nachhaken, stochern*
3 estar sobre aviso: *auf der Hut sein*
4 el fustazo: *Peitschenhieb, -knall*

Un salto y todo en el suelo: Me asustó —no le devolverá el tuteo.

Ramón por suerte ahí, él cortará el pollo, siéntate, Pepe, no te molestes. Laura tapando la bolsa de veneno con su propio cuerpo, tirándola disimuladamente a la basura. No, si me gusta ayudar. Lleve estos platos, entonces, la cara roja, la piel tirante[1] y un temblor que no puede controlar. Después te explico, al oído de Ramón. Jugar a que no lo reconoce, se ordena. ¿Por qué va a querer matarlo si no sabe quién es?

El fútbol la deja afuera de la conversación, por suerte, ella no entiende nada de fútbol, y Pepón, el viejo Pepe, el electricista, se entusiasma con los campeonatos, y que el Real y el Atleti y el Barça[2]. Sus dientes fosforescentes[3], evocando las jugadas[4], comiendo sin aprensión alguna. A la hora del postre, Laura se convence de que él no la ha reconocido, que fue su paranoia lo que la llevó a leer signos inexistentes.

No hay por qué preocuparse. No lo ha matado, pero tampoco la ha descubierto. Inventará algo para Ramón: que lo vio parecido a alguien, que ya sabe, el miedo, claro que no quiso matarlo, cuando tiene miedo dice cualquier cosa.

—Estamos aburriendo a tu esposa —¿y por qué la mira así si no la reconoce?

—No, para nada. Me gusta escucharlos.

Ramón no debe entender nada excepto que ella quiere pasar lo más desapercibida[5] posible, por eso le pide que, por favor, vaya a preparar el café, mientras él le muestra a Pepe su colección de DVD.

---

1 tirante: tenso/-a
2 el Real, el Atleti, el Barça: el Real Madrid, el Club Atlético de Madrid, el FC Barcelona; clubes de fútbol españoles
3 fosforescente: brillante
4 la jugada: *Spiel-, Schachzug*
5 desapercibido/-a: *unbeachtet*

El café sobre la mesa y Ramón que intenta salvarla: Vete a dormir, cielo, yo me quedo con Pepe; y a Pepón: Mi mujer se levanta muy temprano.

—No, yo también me voy —se pone de pie—, es tarde. Muchas gracias.

Y no va a creer Laura que la reconoció sólo porque él retiene su mano unos momentos más de lo previsible y la mira así, como buscando a Laurita flaquita y lastimada en el fondo de sus ojos. Quizás, porque Pepón suelta de pronto su mano, como si le quemara, vuelve la cara, y con paso rápido, se dirige a la puerta, la abre, sale, y él mismo la cierra. ¿La reconoció y le tiene miedo?

—Probablemente, Laura, pero si tienes dudas, date prisa en hacer la denuncia —le dirá esa noche Ramón.

Ramón, que todo lo ha comprendido, aunque Laura ha omitido partes. Se lo contará todo otro día, ahora ya es mucho, ahora sólo llorar sobre su hombro, dejarse abrazar, y escucharlo.

—Mañana haces la denuncia, Laura. Y si no te animas, voy yo. ¿Conoces el apellido?

Cuando la Guardia Civil fue a detenerlo, dos días después, ya no había rastro de Pepón en su domicilio.

—Me reconoció —dice Laura a Ramón—. Debe haber huido esa misma noche.

¡Pepón huyendo de ella!, qué gusto. Lástima que se escapó. Pero aun así, un inmenso alivio[1], ya no quiere sepultar a Pepón en su memoria, ni matarlo. Ya no más un callejón sin salida, sino una ancha avenida en la que Laura está dando sus primeros pasos.

---

1 el alivio: *Erleichterung*

La película de Mónica

No es un sueño, porque Mónica no está dormida, pero tampoco es un plan, algo que ella desea o piense que va a pasar, no, de ningún modo. Es como una película que se exhibe sólo para ella, y que Mónica mira, sorprendida, pero que
5 no inventa. ¿Y quién inventa entonces esas imágenes que se le imponen? No tiene una respuesta, sólo sabe que ella no es, ¿cómo va a estar fantaseando que vuelve a la Argentina y lo va a ver a Oscar con lo que le costó dejarlo?

Día a día se añaden algunos detalles, hay un argumento
10 que avanza y retrocede[1], que se modifica levemente, pero los personajes son siempre los mismos: Oscar y Mónica. Y es muy raro —piensa— estar aquí, caminando por la Gran Vía, en Barcelona, y al mismo tiempo, entrando en su casa, en Buenos Aires; y más extraña aún esa ternura[2] que le sube
15 como efervescencia[3] cuando lo ve a Oscar así, en ese estado deplorable[4].

Al principio eran sólo imágenes: ella en la sala, parada ante Oscar, o ella caminando por el pasillo, en puntas de pie, sigilosa[5], y entrando al cuarto donde Oscar, en pijama y dema-
20 crado[6], agoniza[7]. Un cartel que dice «Se vende» en la ventana

---

1 retroceder: ir hacia atrás
2 la ternura: *Zärtlichkeit*
3 la efervescencia: *Aufbrausen, Brodeln*
4 deplorable: *erbärmlich, bedauernswert*
5 sigiloso/-a: despacio y sin hacer ruido
6 demacrado/-a: muy delgado/-a y mísero/-a
7 agonizar: morirse

de la casa, la pintura de las paredes descascarada[1], el tapizado[2] del sofá arañado[3] por quién sabe qué gato, botellas vacías y suciedad por todas partes, luces que no encienden, y lo peor, las sábanas —esas sábanas blancas con florcitas que compró Oscar cuando llevó a la nena[4]— de un gris patético donde las flores han ido pervirtiendo su forma y su color mezclándose con las manchas. Las palabras llegaron más tarde, las de Oscar; Mónica, en la película —y eso le gusta—, no habla nunca.

No sabe de dónde sale esa película pero sí cuándo empezó: la tarde que se encontró en El Corte Inglés de la plaza de Cataluña con la prima de Oscar y se enteró de lo de la operación del intestino[5], el cáncer y lo mal que estaba. En el metro, cuando volvía a la casa, lo vio sentado en un sillón destartalado[6], con la cabeza agachada[7], flaco, enfermo, viejo, solo como un perro. Como se merece, pensó. Y entonces, totalmente porque sí, ella metiendo la llave en la cerradura, que evidentemente él no cambió nunca porque se abrió al primer intento; ¡la siguió esperando todos estos años! Y al día siguiente, o esa misma noche, ya no recuerda, pudo ver la cabeza de Oscar levantándose hacia ella, y esos ojos rojos, inyectados[8], pero no de ira[9] como antes, sino de emoción, de agradecimiento, porque en el vano[10] de la puerta estaba Mónica, preciosa y elegantísima con el traje de chaqueta

---

1 descascarado/-a: *hier: abgebröckelt*
2 el tapizado: *Bezug*
3 arañado/-a: *zerkratzt*
4 la nena: (col.) la niña
5 el intestino: *Darm*
6 destartalado/-a: viejo/-a y roto/-a
7 agachado/-a: *gebeugt*
8 inyectado/-a: *hier: blutunterlaufen*
9 la ira: la furia, la rabia
10 el vano: *Öffnung*

La película de Mónica

nuevo que se compró en Barcelona. Y él, con una camiseta raída[1], los pantalones que se le caían, esquelético, la barba cana[2] crecida. Un montoncito de miseria, como lo definió su hija Lucrecia el otro día.

5   A Mónica la expresión la golpeó como una cachetada[3] (quizás porque ya estaba viendo la película), aunque reconoce que es normal la reacción de su hija en esa breve —pero qué intensa— pelea que tuvieron. Ella misma la provocó, sin darse cuenta. Una mañana, como tantas otras, en la que
10 Mónica volvió a la casa y se puso a protestar: que a ella no le gusta estar acá, que está podrida[4] de los catalanes, que en el mercado le hablan en catalán aunque saben que ella no les entiende, nadie le va a sacar de la cabeza que se lo hacen a propósito: cada vez es peor, ¿cómo te explicás, Lucrecia, que
15 cuando llegué a Barcelona les entendía y ahora no?

    —Si tanto te cabrea[5], haz un esfuerzo y aprende el catalán —le contestó Lucrecia, sin apartar la vista del ordenador—. Llevas años viviendo en Barcelona.

    «Haz», «cabrea», así habla su hija, hace años. Mónica está
20 habituada, pero esa mañana estaba de muy mal humor y el comentario de Lucrecia la crispó[6]:

    —En cualquier momento me hablás en catalán a mí, como hacés con tu pobre nene —no le gritaba, pero parecía—. ¿Qué te pasa? ¿Te crees que naciste en Barcelona? Sos de
25 Buenos Aires vos. Uno no debe olvidarse de sus orígenes hasta ese punto.

    Lucrecia saltó como leche hervida y la enfrentó.

---

1 raído/-a: *abgetragen*
2 cano/-a: gris
3 la cachetada: *Ohrfeige*
4 podrido/-a: aquí: harto/-a
5 cabrear: enfurecer
6 crispar: aquí: enfurecer

—¿Cómo te atrevés vos, justamente vos, a decir que uno no debe olvidarse de sus orígenes? —la voz de Lucrecia de antes, las eses normales, y a los gritos—. ¿Querés que te diga una cosa? Claro que me quiero olvidar de donde nací, de la
5 nena que me enchufaste[1] de hermana —gritaba—, del sorete[2] con quien me crié y hasta de vos también me gustaría olvidarme —al calmarse le volvía a salir el acento español—. Pero no puedo, sabes, porque eres mi madre, y por suerte para ti, estás en mi casa, lejos de esa historia ruin[3] y de ese...
10 montoncito de miseria, tu marido.

Mónica acusó el golpe, pero se calló. Lucrecia tiene razón, mejor olvidarse de todo, para eso vino a Barcelona, no sólo para poner un océano de distancia con Oscar, sino para sepultar en el olvido todo lo que pasó. Y para que se olviden de
15 ella.

¡Montoncito de miseria! Muy dura es Lucrecia con Oscar, piensa ahora, sentada en un banco de la plaza de Cataluña, como en la butaca[4] de un cine, y él, en Buenos Aires, postrado[5] en la cama, enfermísimo. Será un cretino[6], pero al fin, a
20 Lucre y a Tobías, sus hijos, no les hizo faltar nada —piensa, pero retrocede, matiza—. Aunque cuando les sacaron a la nena, los chicos como si no existieran, ahí se vio bien a quién Oscar consideraba su hija y a quiénes no.

Oscar, en la película, ya no a los gritos como antes, sino
25 con un susurro[7] débil, ronco[8], le pregunta a Mónica qué hu-

---

1 la nena que me enchufaste de hermana: aquí: la niña de la que dijiste que era mi hermana
2 el sorete: (Arg., col.) persona muy mala
3 ruin: *niederträchtig, schäbig*
4 la butaca: el asiento
5 postrado/-a en la cama: *bettlägrig*
6 el cretino: el idiota
7 el susurro: decir algo en voz muy baja
8 ronco/-a: *heiser*

La película de Mónica

biera hecho ella con dos pibes[1] a cuestas[2], dos bocas que alimentar, cuando mandaron a gayola[3] al turro[4] del padre, si él no los alojaba en su casa y los protegía, que reconozca al menos eso, Mónica. Ella, inmóvil, ni con los ojos le habla, no le recuerda que ellos ya eran amantes hacía dos años, y que fue él mismo, el comisario Oscar Balardén, quien lo metió en cana[5] y se aseguró de endilgarle[6] delitos por unos cuantos años, para que ellos, Mónica y Oscar, pudieran vivir su amor sin interferencias. No es que ahora defienda a ese borrachín[7], ladroncito de poca monta[8] que era su ex marido, pero las cosas como son, se dice en el Triangle[9], no fue Mónica quien se lo pidió, lo decidió Oscar, sin consultárselo. «Un regalo de navidad», como le dijo entonces, y aunque le vino bien sacarse ese peso de encima, a ella un poco de culpa le dio, era el padre de sus hijos, lo extrañaban, fue duro llevarlos a visitarlo en la cárcel. En febrero Mónica y Oscar ya estaban viviendo juntos.

—Y pese a que ponía en riesgo mi carrera viviendo con ustedes, si mis superiores se enteraban me pasaban a retiro —dice la voz tembleque[10] de Oscar en la película—, los traté como si fueran mis hijos.

¿Y si los consideraba sus hijos, replica Mónica entrando a las Ramblas[11], por qué entonces se obsesionó con traer la hija

1 el pibe: (Arg.) el chico
2 a cuestas: *(fig.) am Hals*
3 la gayola: (col.) la cárcel
4 el turro: (Arg., col.) el idiota
5 en cana: (Arg., col.) en la cárcel
6 endilgar: culpar de
7 el borrachín: persona que bebe mucho alcohol
8 de poca monta: poco importante
9 el Triangle: centro comercial en Barcelona
10 tembleque: *zitternd*
11 las Ramblas: paseo en el centro de Barcelona

de los subversivos a su casa? ¿Acaso no tenían sus propios hijos ya?

«Son tus hijos, no míos, yo quiero una hija mía, mía y tuya, una hija propia, con mi apellido», le decía. Ella pensaba que mucho más hijos eran los suyos que la de los subversivos, al menos la mitad. Pero él quería a esa nena. Estaba como enamorado de Silvita, desde que la llevaron a la brigada con los padres, le hablaba todo el tiempo de ella: que la pielcita tersa[1], que los bracitos, que cuando lloraba, a él le daba ganas de llorar también. Mónica le tenía celos, como si fuera otra mujer.

Se pelearon mucho en esos días, de todos modos Oscar hizo lo que le dio la gana y la llevó a la casa. Cierto que apenas Mónica vio a la nena, todos estos sentimientos se evaporaron, una necesidad de abrazarla, de protegerla, de hacerse ovillo[2] y meter a Silvita dentro, con sus hijos, con toda su familia. Y entonces no sabía lo que Oscar iba a contarle años después, en esas desgarradoras[3] discusiones que tuvieron en la época del juicio, y que ahora repite en la película, la voz rota, ante una Mónica muda, hierática[4].

—Con capucha[5] estaba, como los delincuentes de los padres, pobrecita, ¿cómo no iba a encariñarme con ella?

Pobrecita decía, como si él no tuviera nada que ver. Si era el comisario, ahí se hacía lo que él quería. Aunque ya no le interesaba ser comisario, le dijo el mismo día que llevó a Silvia: Voy a renunciar. ¿Estás loco? ¿Y de qué vamos a vivir?, Mónica muerta de miedo de que pasara lo mismo que con el otro cuando lo echaron del trabajo, todo el día en la casa,

---

1 terso/-a: *glatt*
2 hacerse ovillo: *sich zusammenrollen*
3 desgarrador/-a: *herzzerreißend*
4 hierático/-a: *hier: versteinert*
5 la capucha: en los centros de detención los detenidos llevaban capuchas en la cabeza para que no vieran nada

puteando[1], o chupando[2] con los amigotes[3], robando, ¿en un delincuente se quería convertir?, le gritó. Él era un hombre de acción y en la brigada no pasaba más nada, le explicó Oscar, los detenidos los iban a trasladar a otros lugares, se estaba pintando todo de blanco.

Las paredes pintadas de blanco, repetía una y mil veces como un sonsonete[4] por aquellos días, y recién ahora, cuando deja atrás el Liceu[5] y sigue bajando por las Ramblas, Mónica encuentra el sentido de aquella frase: el blanco de las paredes tapaba todo rastro de los padres de Silvia, todo lo que allí pasó, todo lo que Oscar hizo. La nena, un premio a su eficiente trabajo en la brigada, lo menos que podían darle. Los muros de la brigada pintados de blanco, cal[6] sobre alaridos[7], y Silvia en su casa, como si hubiera nacido de Mónica.

Lo mejor sería irse de Buenos Aires todos juntos por un tiempo, pero Oscar no podía, debía resolver unos asuntos importantes, de manera que la que debía partir de inmediato al interior —le exigió— era ella, y volver con Silvia, como si la hubiera parido[8]; entonces la iban a anotar como su hija. Mónica, que ni loca, que ni lo soñara, quién iba a creerle, si la nena ya caminaba, debía tener un año y medio o dos, los ojos de Silvita asustados, de uno a otra, como si entendiera, y Oscar, obstinado en su disparate[9]: y qué, hay nenas más altas, y además, ellos se mudarían a otro barrio, nadie les iba a preguntar nada. ¿Y a sus hijos qué les iba a decir? Cualquier cosa,

---

1 putear: (vulg.) *herumhuren*
2 chupar: (LAm., col.) beber alcohol o fumar
3 el amigote: *Kumpel*
4 el sonsonete: aquí: el mantra
5 el Liceu: ópera en Barcelona
6 la cal: *Kalk*
7 el alarido: el llanto, los gritos
8 parir: *zur Welt bringen*
9 el disparate: algo estúpido, sin sentido

que te la trajo la cigüeña[1], son nenes, no entienden. Ahora te vas, o… ya sabés, y le señaló la puerta del baño. No sería la primera vez —ni tampoco la última— que el baño fuera el escenario de la violencia física. Pero no fue necesario, esa tarde estaba conciliador[2]: y que no se preocupara por su renuncia porque «un hijo llega con un pan abajo del brazo».

Y así fue, Silvita llegó con el puesto de jefe de seguridad de la empresa alemana para Oscar (y cuando se fue, le pidieron la renuncia). Que lo hago por nosotros, para regularizar nuestra situación, a ellos les digo que sos mi señora, que tenemos una hija: a los alemanes no les importa que no estemos casados por la Iglesia, ni por el civil, ni me piden los papeles. Y ella mordió el anzuelo[3].

—Reconocé que te gustó, Negrita —la voz destruida de Oscar en la película imponiéndose sobre los sonidos de las Ramblas—. A mí también me gustaba por fin tener una familia, estaba orgulloso.

—Orgulloso sólo estuviste de Silvia, es la única que le mostrabas a los alemanes de la Mercedes —le responde con rencor Mónica, esquivando[4] una vendedora de flores. Claro que él no puede escucharla, porque está en Buenos Aires.

La otra Mónica, la de la película, no dice nada. Mejor, que lo deje hablar a solas. De todas formas es un poco injusto lo que le acaba de decir, piensa ahora, porque Oscar la trató como la esposa en esa época de gloria, y le dijo al alemán de la Mercedes Benz que tenían tres hijos, dos del primer matrimonio de su esposa y una en común. Se lo había prometido —y lo cumplió— en esas cartas que le mandaba durante su loco

1 la cigüeña: *Storch*
2 conciliador/-a: *versöhnlich*
3 el anzuelo: *Köder*
4 esquivar: *ausweichen*

La película de Mónica

peregrinar[1] por La Pampa[2], esperando el momento de llegar, con su «bebé». Tendrían una casa nueva, dos televisores, auto, hasta sirvienta. Y a Silvita, a quien ya Mónica quería entrañablemente[3].

5   Oscar había conseguido un certificado del médico de la brigada, donde constaba que la niña había nacido en octubre de 1978 en casa de unos amigos que vivían cerca de la brigada. ¡Quince meses menos de la edad que tenía!, pobrecita. La convenció a Mónica de que fuera ella a sacar el documento de
10 identidad de la nena. Él sólo pidió que le apuren el trámite[4], pero no fue.

    —Y qué íbamos a hacer, ¿no registrarla? —protesta Oscar, con un hilo[5] de voz, en la pantalla.

    Se la hizo bien el guacho[6], piensa Mónica, viendo ya el mar
15 al fondo, porque cuando todo saltó, ella era la más implicada en malversación de documento público.

    ¿Oscar quería una hija propia? No había más que hacerla —se anima a provocarlo ahora en la plaza del Portal de la Pau, frente a la estatua de Colón—. Dos años conviviendo, y dos
20 antes de amantes y ni una vez la dejó embarazada, ella ya tenía hijos, el estéril era él. Ella no se cuidó más, hubo un tiempo que hasta quería quedar embarazada, que fuera un poco más cierto lo de la nena, teniendo otro hijo. Pero no, nunca. Estéril, lo insulta Mónica con los labios apretados, y el
25 dedo de Colón en la estatua parece señalar a Oscar.

    Si apenas se lo hubiera sugerido entonces, la hubiera molido a golpes[7] en el baño. Ni en aquellas terribles peleas con las

---

1 peregrinar: *wandern, pilgern*
2 La Pampa: gran llanura en Argentina y provincia argentina
3 entrañablemente: *innig*
4 el trámite: *Verfahren, Formalitäten*
5 el hilo: *Faden*
6 el guacho: (Arg., col.) persona de mala intención
7 moler a golpes: *verprügeln*

La película de Mónica

que se tajearon¹ casi tanto como los tajeaba la historia, durante el año que duró el juicio, Mónica le dijo que ella siempre pensó que él quiso tener una hija con su apellido por los otros. Sí, por los otros —le dice ahora y no le importa que él esté tan enfermo—, para mostrarle a los otros que vos podías, sos tan boludo² que confundís esterilidad con impotencia.

Impotente no era, reconoce mientras camina por el paseo de Colón. Un temblor la sacude al verlo acabado, aniquilado³, ¡con lo que Oscar era antes! No rechaza el recuerdo de esas tardes calientes, cuando aún eran amantes, ni el de esas madrugadas en las que él llegaba a la casa y la despertaba con un deseo brutal, urgente, de hacer el amor. Qué te pasa, bromeaba ella, ¿estuviste viendo una porno? No, estuve trabajando, y ahora quiero guerra, pero la nuestra. Así eran ellos, durante años. Hasta que pasó lo del juicio.

—Fue mala suerte, Negrita —la voz ya casi inaudible de Oscar imponiéndose al sonido de coches y transeúntes⁴—. Cuántos hay que tienen huérfanos de subversivos y justo a nosotros nos tenía que tocar esa abuela insistente.

En ese sentido, admite Mónica, Oscar tiene razón, ella también pensó muchas veces por qué justo a nosotros, pero bueno, les tocó, y tuvieron que dar explicaciones ante los jueces, buscar abogados, testigos. Ahí empezó el infierno, esas peleas que no sirvieron para encontrar una solución sino para lastimarse más entre ellos. Los condenaron a tres años de prisión a los dos. Pero a ella se la suspendieron porque tuvo otra actitud: cuando le mostraron los papeles, se negó a declarar, en cambio él siguió mintiendo con convicción: que

---

1 tajearse: aquí: herirse, dañarse
2 boludo/-a: estúpido/-a
3 aniquilado/-a: destruido/-a por completo
4 el transeúnte: el peatón; *Passant*

es hija nuestra, que la tuvo Mónica, que el parto[1] lo atendió el doctor Tal, y que el doctor Tal, su cuñado[2], la había visto durante el embarazo y después del parto, que los primeros meses los pasaron en la casa de su madre, en Chivilcoy. El muy turro del cuñado negó todo tirando por la borda sus argumentos. Pero Oscar, sostenido por ese amor loco, enfermo, que tenía por la nena, insistió hasta el final: es hija nuestra.

La peor condena que sufrió Oscar no fue ese año y pico[3] que pasó en la cárcel, sino la que recibió de la misma Silvia, concluye Mónica, al doblar en una de esas callecitas angostas de la Barceloneta[4]. A los pocos meses de ser restituida a su abuela, el juez les dio una cita para que la pudieran encontrar, en el mismo juzgado. Mónica decidió no ir, a ella ya no le parecía bien lo que habían hecho, no sabía qué decirle a la nena. Pero Oscar pensaba que Silvia iba a correr a sus brazos, y que todo se iba a arreglar cuando el juez viera cuánto se querían. Un fuerte olor a pescado abraza a Mónica, por suerte, por suerte, ella está en Barcelona. «No te hablo hasta que me digas dónde están mis padres», fueron las palabras con que lo recibió la nena. Y lo demolió[5]. Es otra persona —le contó a Mónica—, sólo unos meses viviendo con esa zurda[6] de mierda de la abuela, y la transformaron en un monstruo.

Ése fue el principio del fin para Oscar, el corredor oscuro en el que entró y que lo condujo año a año a este estado de decrepitud[7] en el que Mónica lo ve ahora en la película, casi sin aliento, como si le faltara el aire para pronunciar las palabras, pero las dice:

1 el parto: *Geburt*
2 el cuñado: el marido de la hermana
3 y pico: y algunos días o meses más
4 la Barceloneta: barrio de Barcelona
5 demoler: destruir
6 el zurdo: aquí: el comunista
7 la decrepitud: el mal estado, la debilidad

La película de Mónica

—Te acordás cuando nos fuimos todos a Mar del Plata. Los castillos de arena que hacía con Silvita, ella era la princesa, le decíamos, y vos, la reina —un ataque de tos[1] interrumpe sus palabras—. Lucre y Tobías también estaban felices. Jugábamos a la pelota.

Si supiera, piensa Mónica, el odio que le tienen hoy. Lo que no le perdonan sus hijos es lo de la nena. Tampoco a ella se lo perdonan, como le hizo saber Lucrecia el otro día. Aunque casi no habla de eso, sólo cuando Mónica vino a vivir con ellos a Barcelona, Lucrecia le pidió que por favor no se le escapara delante de su marido lo de la nena: «Nunca se lo dije —se disculpó—, me daría mucha vergüenza».[2]

Mónica quiso explicarle que Oscar se la impuso, que ella no tuvo opción, que después se encariñó con la nena, es natural, ustedes también la querían, pero Lucrecia la interrumpió, ya lo habían hablado, no era necesario, y la verdad es que Mónica le agradece a su hija que nunca le saque el tema. Aspira con placer la brisa del mar. Barcelona le ha permitido si no olvidar del todo, al menos que toda aquella historia perdiera nitidez[3], que ya no la lastimara tanto, que Oscar y la nena fueran difuminándose en el tiempo y en la distancia. Mónica, en Barcelona, una honorable viuda que vino a vivir aquí por su nietito, el padre de sus hijos muerto, y de Oscar, ni palabra a nadie, algunos amigos, el yerno[4] catalán, la masía[5] en el Ampurdán[6], hasta viajes a Francia y a Italia, como cualquier persona de bien. Lejos, muy lejos de ese montoncito de miseria, como dice Lucrecia.

---

1 la tos: *Husten*
2 la vergüenza: *Beschämung*
3 la nitidez: la claridad
4 el yerno: el marido de la hija
5 la masía: (cat.) la granja, la finca
6 el Ampurdán: comarca de Gerona

Hasta que llegó la película y ella está ahí, en el paseo marítimo de la Barceloneta, escuchándolo a él: que éramos una familia, cómo pudiste abandonarme cuando estaba en las malas, cuando yo todo lo arriesgué por vos, por nosotros, por los chicos.

Mónica baja las escaleras y se interna en la playa. Aunque el frío se ha colado[1] ya al otoño, se descalza y avanza hacia el mar, mientras allá, en Buenos Aires, y aquí, proyectada en la enorme pantalla en el límite del mar y el cielo, Oscar le pide perdón. Por todo. Por primera vez en la vida, no sólo reconoce lo que nunca reconoció: que no debió llevarse la nena a su casa y obligarla a mentir que la había parido, sino que le pide perdón, Negrita, por favor, perdoname.

Sus pies desnudos sobre la arena a cada paso más húmeda, y en la pantalla de cielo plomizo[2] y mar, ella levantando una mano y acariciando el pelo a Oscar, en silencio.

No puede saber si este gesto que Mónica hace en la película le otorga el perdón que él le pide, no cree, demasiado tarde, no lo merece. No se disciernen[3] con claridad las frases que él dice entre sollozos, pero tienen el poder de conmoverla hasta tal punto que Mónica ahora se limpia unas lágrimas imprudentes[4] que resbalan[5] por sus mejillas. Sumerge los pies en el mar, y el frío que sube por su cuerpo no logra sin embargo detener a esa Mónica loca que abraza a Oscar con toda su fuerza y le murmura al oído palabras amorosas, delicadas, desesperadas, dichas a toda velocidad, porque el tiempo apremia[6], Oscar está muriéndose.

---

1 colarse: *etwa: sich hinzuschmuggeln, sich dazuschleichen*
2 plomizo/-a: color de plomo, gris
3 discernirse: aquí: entenderse
4 imprudente: *unvorsichtig, unvernünftig*
5 resbalar: *gleiten*
6 apremiar: *drängen*

La película de Mónica

Ni aun en esas circunstancias —piensa Mónica— le diría que lo comprende, que lo perdona, que lo quiere tanto, que, pese a todo lo que pasó, es el hombre de su vida, que separarse de él fue como si le amputaran una parte de su propio cuerpo, a lo sumo, ella haría lo que Mónica, corrigiendo el argumento en el cielo ya teñido[1] de sombras, hace ahora: abrazarlo ligeramente, simplemente por piedad, y permitirle morir en sus brazos.

Pero ni eso hará, ella está en Barcelona (la arena que sacude de sus pies se lo confirma) muy, muy lejos de esa casa y de ese hombre derrotado[2]. Y Mónica no piensa volver nunca. Ese darle la espalda al mar, donde se proyecta esa escena absurda en la que Mónica llora sobre el cuerpo muerto de Oscar, lo besa, lo abraza, le pide perdón por haberlo dejado, es un gesto nítido para demostrar —¿ante quién?— que no es ella quien inventa esas imágenes que se le imponen. ¿Será Oscar que piensa tan fuerte en Mónica, que logra incriminarla[3] otra vez? Un disparate, concluye, no tiene tanta fuerza. Está ahí mismo, tirado en la playa, agonizando, y estira los brazos hacia ella, que ya no resiste más y la arena húmeda se le pega a la cara, al cuerpo entero mientras abraza el vacío de esa imagen, y le dice que sí, que lo quiere mucho.

1 teñido/-a: *gefärbt*
2 derrotado/-a: destruido/-a, vencido/-a
3 incriminar: culpar

Padre y patriota

Escuchame bien: no quiero que esta noche ni nunca más vuelvas a aparecerte por aquí, con el agua sucia rodeándote. Terminala con ese jueguito. ¿Qué pretendés? ¿Agotarme[1], enloquecerme? Todas las noches, apenas cierro los ojos,
5 llegás hasta mí flotando, tus manos blancas e hinchadas[2] se hunden[3] en el agua y juegan con formas oscuras, vuelven a girar y a flotar mientras tus ojos me perforan. ¿Por qué me mirás así? A ver, decime, qué me reprochás, qué querés de mí. Que me tire al agua a hacerle compañía a... No me hagas
10 decir lo que no quiero, yo siempre te preservé de ese mundo. ¿Así me pagás todos los sacrificios que hice por vos: relacionándote con basuras, desapareciendo sin una sola palabra? ¿Qué razón tenías para irte? Porque lo que le dijiste a tu madre es una infamia[4]. Yo no hice más que cumplir con mi
15 deber. Ella llora ahora todo el día y me echa la culpa de las atrocidades que se imagina que estás pasando. Vos sabés cómo es ella, con esa vocación para el drama que heredó de su vieja, alimentada por tanta telenovela que se traga[5]. Pero aquí no hay ningún drama, todo está resuelto, yo me encar-
20 gué de que así fuera y si te fuiste de casa es porque se te dio la gana y no porque yo te usé como cebo[6], como le dijiste a tu mamá.

1 agotar: cansar, enervar
2 hinchado/-a: *aufgedunsen*
3 hundirse: *versinken*
4 la infamia: *Schande*
5 tragarse: (col.) *sich reinziehen*
6 el cebo: *Köder*

Yo te lo advertí; el mismo día que trajiste a casa a Sarina y a José y se encerraron en tu pieza, te dije: «No me gustan nada esos dos, no te juntes con ellos», y me saliste con que tus amigos son tus amigos y que ya eras lo suficientemente ma-
5 yor como para saber elegir. Me dolió, no sólo las palabras, sino el tono, tu mirada. Antes no me hablabas así, con ese desprecio del que prefiero ni acordarme. Siempre fuimos buenos amigos ¿o no? ¿Te acordás cómo nos divertíamos los sábados por la tarde jugando al fútbol en el terreno? Pero
10 desde que conociste a esos comunistas de mierda nuestras charlas fueron raleando[1]. Siempre tenías una excusa a mano: que el estudio, que los parciales[2], siempre tenías tanto que hacer. ¿No será una minita[3]?, te preguntaba yo, guiñándote el ojo[4], pero ni siquiera sonreías. Cerrabas la puerta de tu pieza
15 y me dejabas afuera. Cada día más lejos, más extraño. Porque yo me di cuenta de que ya no me mirabas como antes, era como si no me quisieras más, como si me juzgaras. Era evidente que te estaban llenando la cabeza de mierda.

Yo no quería que te sintieras mal conmigo, por eso después
20 del encuentro en el café te dije que tus amigos me parecían pibes[5] muy piolas[6] y que yo me había equivocado, quizás por los pelos largos o por la manera de vestir que en mi juventud no se usaba. «Será que me estoy poniendo viejo», bromeé y ahí sí sonreíste, y esa noche nos quedamos comentando el
25 partido de Vélez.

Cierto que no fue por casualidad que nos encontramos en el café de Lavalleja. Yo te seguí cuando saliste de casa y fingí descubrirlos allí, un rato después. A los pocos minutos de

1 ralear: aquí: hacerse menos frecuente
2 el parcial: los exámenes parciales
3 la minita: (Arg.) la mina: la mujer, la chica
4 guiñar el ojo: *zwinkern*
5 el pibe: (Arg.) el chico
6 piola: (Arg., col.) astuto, inteligente

observarlos, comprobé que estaba sobre la pista. ¿Acaso no te diste cuenta de cómo se fruncieron[1] cuando me senté con ustedes? Yo tengo un ojo que no me engaña. A vos podrían engrupirte[2], pero a mí... imposible, reconozco un subversivo a cien leguas de distancia. De todas formas los dejé creer que me la tragaba y hasta los felicité por sus estudios, ¡como si no supiera yo a qué van ellos a la facultad! Les dije que aunque estaba muy interesado en esa charla, debía irme y los saludé con simpatía, no me lo negarás, yo quería que te sintieras cómodo con tu padre.

Me escondí en el auto[3], que había estacionado en la esquina, y esperé que salieran del café. Vi, con alivio[4], cómo te despedías de ellos, después los seguí y así supe dónde se guardaban y también dónde se juntaban con los otros. Los fuimos identificando, uno a uno caían como moscas al dulce. Una tarde te vi llegar, como uno más. Te juro que creí que el corazón me iba a reventar[5] y sabés que no soy flojo[6] como tu madre. La sangre me golpeaba la cabeza y en un primer momento, casi entro y te saco a patadas[7] y lo arruino todo. Por suerte estoy acostumbrado a controlarme.

Mientras esperaba que salieran, comprendí que era imposible que formaras parte de la organización, que seguramente te engañarían con cualquier macana[8] para sacarte información. Quién sabe qué te habrá mostrado la putita esa de Sarina para engatusarte[9]. Si las conoceré, con esas caras de nada y en

---

1 fruncirse: fruncir las cejas; *die Stirn runzeln*
2 engrupir: (Arg., col.) engañar; *einwickeln*
3 el auto: (LAm.) el coche
4 el alivio: *Erleichterung*
5 reventar: *platzen, zerspringen*
6 flojo/-a: débil, cobarde
7 a patadas: *mit Fußtritten*
8 la macana: (LAm., col.) la mentira
9 engatusar: *beschwatzen, einwickeln*

cuanto las apretás[1] un poco y empiezan a hablar... ni te imaginás las barbaridades que son capaces de hacer. Pero no me hagas hablar de lo que me encargué tantos años de ocultarte. ¡Sacarte información! ¡Serán infelices! Vos y tu madre nunca conocieron ningún detalle de mi trabajo, no por falta de confianza, sino porque yo no quería preocuparlos. Siempre resguardé[2] a mi familia, ustedes son lo único limpio, lo único puro en este chiquero[3]. No me quiero poner sentimental, pero creeme, por favor, y dejá de mirarme desde el agua turbia[4]: lo hice para ayudarte. Ellos te estaban reventando[5]. Vos no entendés nada porque, aunque ahora te hagas el grande y se te dé por desaparecer, todavía sos un pibe. Pero yo estoy obligado a verlos todos los días, sé cómo actúan y de qué tretas[6] se valen para usar a gente limpia como vos. No me mires así. Tenés razón, no estoy obligado, me gusta mi trabajo, lo hago bien. Este país se está pudriendo[7] con ideologías foráneas[8] y hay que limpiarlo de esa carroña.[9]

Si no te dije nada después de aquella tarde en el café de Lavalleja, ni las otras veces en que te encontré, siguiendo a uno de ellos, fue porque no quería que volviéramos a discutir. Comprendeme, si entonces te hubiera hablado, me habría visto forzado a explicarte tantas cosas de las que nunca quise que te enteraras. No había necesidad. Todo estaba bien hasta que te juntaste con esos comunistas de mierda. Pero no fue sólo por apartarte de ellos que lo hice, yo cumplí con mi

1 apretar: ejercer presión
2 resguardar: *schützen*
3 el chiquero: *Schweinestall*
4 turbio/-a: *trüb*
5 reventar: aquí: destruir
6 la treta: *List*
7 pudrirse: *verrotten, verderben*
8 foráneo/-a: extranjero/-a
9 la carroña: *Aas*

Padre y patriota

deber. Y me aseguré de que vos no estuvieras ahí, cuando nos los llevamos. No sé quién te lo dijo, pero ahí tenés una prueba más de cómo te quieren hacer mal, creando un enfrentamiento entre nosotros que siempre fuimos tan unidos.

5 ¿Por qué te empeñás[1] en desaparecer? Podés volver cuando quieras. Tu padre sabe hacer bien las cosas. Atendeme, pensaba no contártelo, pero mejor que lo sepas y no me sigas mirando así todas las noches. Yo les dije a mis superiores que habíamos hecho un acuerdo porque vos te diste cuenta de
10 que andaban en algo, y te viste durante un tiempo haciéndoles el entre hasta que juntáramos todos los datos. Y me creyeron, te juro que me creyeron, tu madre piensa que no y que a vos también te secuestraron, pero ella no entiende nada de estas cosas. No podía permitir que se sospechara que mi
15 propio hijo es un subversivo, por eso ya antes te cubrí con esa pequeña mentira necesaria. Andá a saber lo que Sarina o la Polaca o el mismo José podían cantar de vos, ésos, con tal de salvar el pellejo[2], venden hasta a la madre, si los conoceré. Y si bien yo sé que no estabas en la cosa porque es imposible
20 un pibe criado como vos, los otros no lo saben. Y ésta es una guerra. Una guerra peligrosa. No tenías por qué irte de casa, aquí ibas a estar protegido. ¿Quién se va a atrever a meterse con mi hijo?

Ahora que ya sabés todo, dejá de mirarme así. No aparezcas
25 más por las noches, no flotes en el agua sucia, no te pierdas entre cuerpos hinchados, no juegues con tus manos blancas con esos otros cuerpos. No tenés derecho a perturbar mi sueño. Soy sólo un buen padre y un patriota. Deberías estar orgulloso, a mi lado, estudiando y yendo a los bailes y jugan-
30 do juntos al fútbol, los sábados por la tarde, como siempre.

1 empeñarse: *sich versteifen, unbedingt tun müssen*
2 el pellejo: *Haut, Fell*

El despromovido

Cuando subió al tren en la estación de Luján, aquel tipo ya estaba allí. No lo eligió para recorrer juntos el trayecto hasta Once, fue el azar de cada domingo por la noche, cuando los últimos trenes llegan casi llenos desde Mercedes y resulta
5 imposible encontrar un asiento solitario. Marcos había atravesado los pasos de un ceremonial que otros muchos pasajeros repetirían sin suerte: recorrió el pasillo central del vagón con el cuello estirado[1] y los ojos muy abiertos buscando un asiento doble sin ocupantes.

10 No deja de ser desalentador[2] que cientos de personas obligadas y dispuestas a viajar juntas se esfuercen por subrayar el interés en viajar solas, piensa ahora, refugiado en el balcón de su casa. No quiere que su insomnio despierte a Maite. Ella no sabe nada, Marcos ha decidido no contarle lo que le sucedió
15 en el tren, como si fuera él ahora quien debe guardar el secreto, quien debe ocultarse.

Al llegar a la mitad del pasillo, Marcos se detuvo y paseó una mirada distraída con la que pretendía atrapar la persona más anodina[3], la menos llamativa, con quien compartiría la
20 próxima hora y media de su vida. Aunque tampoco puede desprenderse[4] de la responsabilidad de haberse sentado a su lado, y no al lado de cualquier otro, de alguna manera lo eligió entre todos los pasajeros del tren, reconoce mientras enciende un cigarrillo. Fue su cara neutra, esa expresión ausente

---

1 estirado/-a: *gestreckt*
2 desalentador/-a[2]: *entmutigend*
3 anodino/-a[3]: *nichtssagend*
4 desprenderse: *sich entledigen*

en sus ojos, ni muy alto, ni muy bajo, ni muy joven, ni muy viejo, sin señas particulares visibles, como diría algún formulario. Y si Marcos no quería hablar con nadie, ¿por qué, cuando pasaron por Lezica, le respondió a su primera pregunta?

5 —¿Qué pone en el cartel? No lo he podido leer.

Podría haber hecho un simple hum, o alzarse de hombros como si no conociera la respuesta y perder su vista en la revista, pero no.

—Lezica y Torrezuri.

10 —Vale, gracias.

Sintió curiosidad cuando escuchó esas palabras: *pone, vale,* el leve ceceo[1]. ¿No lo habrá invitado él, sin querer, a llenar de palabras esa hora y pico[2] que faltaba? Tampoco podría decir que el hombre había insistido en hablar. Las frases se fueron
15 encadenando naturalmente. Ahora, mientras camina impaciente por el balcón de su casa, se propone recordar frase a frase, hasta las más intrascendentes[3], para saber cómo llegaron a que Marcos le dijera su nombre y apellido, porque fue entonces que todo tomó ese disparatado curso. Fue él quien
20 hizo la segunda pregunta.

—No sos argentino —lo tuteó—. ¿Gallego?

El hombre sonrió:

—No, no soy gallego, soy argentino, pero vivo en España, hace muchos, muchos años, tantos que ya ni conozco las
25 estaciones de tren. ¡Tantas cosas han cambiado en estos años! —y entonces hubo un frenazo[4], como si lamentara haberse expresado demasiado, y como para cerrar agregó[5]—: Bueno,

---

1 el ceceo: se refiere a la manera de pronunciar la c y la z
2 y pico: y algunos minutos más
3 intrascendente: poco importante
4 el frenazo: *Bremsen*
5 agregar: añadir; *hinzufügen*

es lógico, yo no hacía habitualmente este trayecto cuando vivía en Argentina.

En ese punto, cuando supo que el hombre, aunque afable[1], tampoco era de esos que le gusta andar contando su vida por ahí, parco[2] como él mismo, Marcos pudo haberse callado, tan tranquilo y la vida como siempre. Aplasta el cigarrillo contra la baldosa[3] con el pie, como si en esa fosforescencia[4] roja estuviera lo que el hombre le contó.

Tampoco Marcos es de los que van haciendo negocios en los trenes, o en donde sea. Algo le cayó bien del tipo, debe reconocerlo, aunque no había nada demasiado especial en lo que hablaban, lugares comunes: el estado de los trenes en la Argentina, los de alta velocidad en Europa, los cambios que encontraba en la ciudad. A la altura de Moreno[5], cuando hicieron el trasbordo[6], el hombre le caía francamente bien, casi un cómplice. A propósito de la carne, Marcos le contó que había visto a unos turistas sacando fotos a la carne argentina en un restorán de Puerto Madero[7].

—¿Estuviste en Puerto Madero? —le preguntó.

Un escueto[8] sí fue su respuesta, era prudente[9], pero Marcos adivinó en su expresión tensa, contenida, un leve disgusto, un cierto rechazo, el mismo que él siente por ese símbolo de los años noventa, por más bello y pintoresco que sea. Eso ya creó una alianza y Marcos entonces se olvidó de que lo que

1 afable: amable, cordial
2 parco/-a: modesto/-a
3 la baldosa: *Fliese*
4 la fosforescencia: el brillo
5 Moreno: barrio de Buenos Aires
6 el trasbordo: cambiar de trenes
7 Puerto Madero: barrio muy exclusivo de Buenos Aires
8 escueto/-a: simple
9 prudente: *vorsichtig*

estaba buscando era alguien con quien no hablar, que no existiera, que lo dejara a él con sus pensamientos.

Tal vez por ese capricho[1] hospitalario[2] de los argentinos con los extranjeros —el otro era un extranjero aunque argenti-
no—, o aún peor: para mostrarle al otro que tiene la precisa[3], esa porteñada[4], lo cierto es que Marcos le recomendó una parrilla[5] donde hacían la carne como en ningún lado, barata y con una atención excelente. Decí que vas de parte mía, él, el piola[6], el amigo del dueño, Marcos Waissman.

Entonces el hombre abrió los ojos y le dijo muy lentamente, con una voz que parecía venir de muy lejos, del más absoluto asombro[7].

—¿Vos? ¿Vos sos Marcos Waissman? ¿En serio sos Marcos Waissman?

Lo primero que pensó Marcos es que el tipo se había confundido, porque él tampoco es nadie conocido, nadie de la revista *Caras,* ni de la política, ni de la farándula[8], ni del arte, nadie como para que un tipo que vive afuera hace años sepa quién es.

Y recuerda ahora esa sensación absurda que lo invadió, ese querer ser, aunque sea por un rato, el Marcos Waissman que el tipo creía, el que le emocionaba tanto encontrar.

—¿Marcos Waissman? —insistió—. ¿De agosto del 47? Pero ¿qué estaba pasando? ¿Por qué ese hombre sabía la fecha de su nacimiento? Y era auténtica emoción lo que mostraba,

---

1 el capricho: *Marotte*
2 hospitalario/-a: *gastfreundlich*
3 tener la precisa: (Arg., col.) saber algo muy bien
4 la porteñada: costumbre, particularidad de los porteños (habitantes de Buenos Aires)
5 la parrilla: *Grillrestaurant*
6 el piola: persona astuta/inteligente
7 el asombro: la sorpresa
8 la farándula: (Arg.) artistas, gente que tiene que ver con el *showbiz*

El despromovido

piensa ahora mientras enciende otro cigarrillo, pero cómo iba a imaginar Marcos a qué se debía.

—Pensé en buscarte hace tiempo —la voz turbada[1], conmovida—. Hace años que lo imagino, pero no lo hice, y de hecho, tampoco creo que te hubiera buscado ahora, en este viaje.

—¿A mí me buscabas? —le preguntó, y en voz más baja—, ¿y por qué?

Se arrepintió[2] de inmediato, Marcos no quería saber. Había acertado[3] la fecha de casualidad. Era un loco, o un homosexual que quería levantárselo con ese verso, y él, sin darse cuenta, le había dado calce[4]. Debería haberse sumergido en la revista. Sin embargo, no pudo sustraerse[5] a la mirada húmeda y agradecida fija en él, un absoluto desconocido tan queriéndolo, así, de golpe y porque sí. El hombre tardó un tiempo en responderle. No debió ser fácil confesárselo, admite ahora, mientras se sirve un whisky en el living.

—Porque yo fui vos durante años —le reveló al fin, casi feliz.

Entonces Marcos abrió la revista, tratando de desentenderse[6], pero no pudo impedir que esa voz grave[7] y susurrante[8] se lo contara, haciendo caso omiso[9] de la página abierta que Marcos nunca leyó.

—Yo militaba en Montoneros[10], pero tuve diferencias importantes con la línea que imponía la conducción, no estaba

1 turbado/-a: confuso/-a, intranquilo/-a
2 arrepentirse: *bereuen*
3 acertar: *erraten*
4 dar calce: (Arg., col.) dar la posibilidad
5 sustraerse: *sich entziehen*
6 desentenderse: fingir no haber entendido bien
7 grave: serio/-a
8 susurrar: hablar en voz muy baja
9 hacer caso omiso: *nicht beachten*
10 Montoneros: guerrilla peronista en Argentina

de acuerdo con tomar las armas y lo dije. La organización me «despromovió»[1]. ¿Cómo explicarte? Ni adentro ni afuera. Yo no fui el único despromovido. El oficial responsable decía en una reunión: «Lo adecuado es que el compañero sea despromovido para que procese sus disidencias[2] en la base, y no impida el correcto funcionamiento», y ya, la sentencia. Era duro ser despromovido: tus amigos —todos militantes a esa altura— desconfiaban de ti, eras el blanco[3] fácil de cualquiera al que le caías mal por no importa qué motivo, no tenías más responsabilidades. Y María, mi mujer, era un cuadro[4] importante. Nos separamos y yo le dejé la casa que alquilaba, sabiendo que allí se seguirían haciendo trabajos de prensa. Dejarles la casa era lo correcto. Y también una puerta abierta, un permiso a mi libertad, una buena manera de estar sin estar, y resolver mis contradicciones. Yo me sentía parte de la Orga[5], aunque no estuviera de acuerdo con la lucha armada.

»No podía ni imaginar lo que iba a suceder unos meses después. Y no fue por ellos que lo supe, lo leí en el periódico: en *mi* casa, en la casa alquilada a *mi* nombre, habían encontrado el cadáver de un hombre muy conocido. De María y de los otros compañeros ni palabra, el único con nombre y apellido era yo. Y entre hacer volantes[6] y secuestrar[7] y matar a un tipo importante hay una pequeña diferencia.

»Yo estaba en una pensión de Jujuy con Mirta, mi nueva compañera, cuando me sorprendió la noticia. Nuestro plan era seguir hacia el norte: Bolivia, Perú, y más, una Latinoamérica idealizada por nuestra juventud, que nos recibiría con los

---

1 despromover: contrario de promover; *etwa: herabstufen*
2 la disidencia: *Abtrünnigkeit, Abspaltung*
3 el blanco: *Zielscheibe*
4 el cuadro: *hier: Mitglied des Führungsstabs*
5 la Orga: aquí: la organización de los Montoneros
6 el volante: *Flugblatt*
7 secuestrar: *entführen*

80

brazos abiertos para vivirla a fondo, y nos ofrecería trabajos temporarios para seguir recorriéndola. Pero qué frontera íbamos a pasar si, según el periódico, yo me «había dado a la fuga» y estaban persiguiéndome.

5 »¿Y ahora qué vamos a hacer?, me preguntó Mirta, mientras preparaba su bolso, con la intención de rajarse[1].

»De un teléfono público llamé a alguien de la Orga, tampoco a ellos les convenía que me detuvieran. Me ofrecieron seguridad, estaría escondido hasta que pudieran sacarme del 10 país.

»Siete meses estuve encerrado, Mirta me vino a ver un par de veces, y en una de esas visitas… zas; pero eso te lo cuento después. Al fin me trajeron tu pasaporte, mi foto, tu nombre, tu fecha de nacimiento, tu número de documento. Repetí 15 varias veces los datos para hacerme a la idea.

»Mirta viajó con su propio pasaporte, ella no estaba fichada[2], y Lucila en su panza[3]. Lucila Waissman, como la anotamos en México.

—¿Qué? —los ojos de Marcos desencajados[4]—. ¿Tuviste 20 una hija y la reconociste con mi pasaporte?

—Sí, tuvimos una hija, preciosa, tiene veintiséis años y vive en un barco, en Inglaterra. Y con tu pasaporte también me casé con Mirta.

—¿Pero cómo es posible? —Marcos no podía recuperarse 25 del asombro—. ¡Entonces soy bígamo[5]! Es increíble, aquel tipo, el que me convenció de que le entregara mi pasaporte y denunciara su pérdida unos meses después, me dijo que era para salvarle la vida a alguien, jamás pensé que lo iban a usar

---

1 rajarse: (Arg., col.) huir
2 fichado/-a: hier: aktenkundig
3 la panza: Bauch
4 desencajado/-a: aquí: confuso/-a, preocupado/-a
5 el bígamo: quien está casado con dos personas a la vez

para casarse, para tener hijos. ¿Te das cuenta de los kilombos[1] que pude tener si mi mujer se enteraba que tenía una hija en México, que allí estaba casado con otra?

—Yo también tuve problemas. ¿Qué crees? Tengo seis años menos que tú. ¿Ves esta calva? No es nueva, con el afán[2] que puse en parecer mayor, en tener tu edad y no la mía, a los veinticuatro se me empezó a caer el pelo, a los treinta tenía esta... ¿cómo se decía?... esta bocha[3], esta bola de billar que ves ahora. Y con lo de tu apellido, ¡vaya historias que viví!

»Una vez en México, te vas a reír, había una chavala[4], una mexicana, en la facultad, que me miraba con ganas, o eso me pareció. Me invitó a cenar a su casa. Hasta perfume me puse. Cuando entré y vi la mesa puesta, las velas, no lo dudé: esa noche me la tiraba[5]. Ella me anunció unos platos que había preparado, los nombraba como paladeándolos[6], y yo ni idea de qué me hablaba, pero antes, me dijo, tenía una sorpresa para mí, imagina lo que pensé. Pero no. Esther sacó libros, papeles, y me preguntó si mis padres eran de tal o de tal pueblo de Alemania. Ella *también* era judía. Y una experta. Me pareció imposible improvisar, ya bastante era inventarme una biografía con seis años más, le dije que mi familia no hablaba nunca de su pasado, que lo habían dejado atrás, seguramente porque no quería que nosotros, sus hijos, sufriéramos lo que ellos cuando emigraron a la Argentina. A propósito, Marcos, ¿fue tu padre o tu abuelo? ¿Huyeron de los *progroms* a fines del XIX, con la guerra o cuándo? Me lo han preguntado infinitas veces.

---

1 el kilombo: (Arg., col.) el caos, los problemas
2 el afán: aquí: el esfuerzo
3 la bocha: *Bocciakugel*
4 la chavala: la chica
5 tirarse: (vulg.) *vögeln*
6 paladear: disfrutar

El despromovido

—Mi padre es un sobreviviente de un campo de concentración, la familia de mi madre, rusa, vino antes de la guerra.

—Yo, desde aquella noche en México, hice a tu abuelo ya en la Argentina, me daba no sé qué meterme con la guerra, aunque era más fácil, está el cine, la literatura. Pero si me encontraba con otra como Esther… Me soltó[1] un discurso insoportable —aunque sensato[2]— sobre el error de mis padres en ocultar sus raíces, y me tuvo horas, días, explicándome. Al fin se enrolló[3] con Fishbein, otro argentino, judío pero de verdad. Eso es algo que tuve que aprender, atribuir los méritos[4] de mi inteligencia, de mi constancia[5], de mis sesudas[6] elucubraciones[7], a mis raíces judías. Pero en España, no sólo no me sirvió para nada, sino que perdí una chica con la que salía y que me gustaba mucho. «Lo lamento, Marcos, mis padres son muy católicos y me han prohibido que salga contigo», me dijo. Y eran vascos, como yo.

—¿También en España viviste con mi nombre?

—Sí, muchos años. Tantos que, al final, ya ni sabía quién era. Para regularizar la situación tenía que venir a la Argentina, blanquear, encontrarme con un pasado doloroso, todo muy duro. Pero lo hice, por Lucila. Hace cinco años que tiene mi apellido. Ondart. Perdón, no me he presentado, Juan José Ondart, mucho gusto, Marcos Waissman, estoy verdaderamente encantado de conocerte, y muy pero muy agradecido. Si puedo hacer algo por vos, no dudes en pedírmelo.

---

1 soltar: *loslassen*
2 sensato/-a: *vernünftig*
3 enrollarse: *sich einlassen, anbändeln*
4 el mérito: *Verdienst*
5 la constancia: *Beständigkeit, Standhaftigkeit*
6 sesudo/-a: inteligente, sensato/-a
7 la elucubración: *Gedankenspiel*

El despromovido

Fue una idea fugaz[1], que no alcanzó a tomar consistencia en el tren, apenas una frase: sí, lo mismo que yo hice por vos; pero Marcos sólo le pidió que le contara más, necesitaba saber qué había estado haciendo su nombre tantos años en
5 otras ciudades, en otros continentes. ¿Cómo él no se enteró nunca? Porque el otro Marcos Waissman no hizo nada raro, ningún desfalco[2], ningún asesinato —una risa simpática— no, te dejé bien afuera, quedate tranquilo, escribí artículos con un cierto éxito, eres bastante conocido en el medio
10 publicitario, y en cine, una autoridad. ¿Te gusta el cine?, le preguntó.

Marcos se alzó de hombros, un poco achicado[3] por la palabra autoridad, él va al cine, no mucho, porque discute horas con Maite que nunca entiende lo mismo que él de las pelícu-
15 las. Le gustaría leer los artículos —y mostrárselos a Maite—, pensó insólitamente[4]. ¿Estarán en internet?, le preguntó. Juan José no sabía, probablemente, pero tenía fotocopias, ¿se las enviaba?

—¿Y la vida amorosa? —preguntó, aún repicando[5] ese
20 temor que había sentido de que el tipo fuera gay, que Marcos Waissman en Europa, en México, fuera gay. No podría decir por qué, pero no le gustaba la idea.

Dos mujeres formales, la primera, la que lo metió en el lío no la cuenta, Mirta y una alemana. De Mirta se separó, con la
25 otra no hubo papeles, tampoco hijos. ¿Amantes? Ondart sonrió misteriosamente.

—¿Cuántas? ¿Muchas?

1 fugaz: *flüchtig*
2 el desfalco: *Unterschlagung, Hinterziehung*
3 achicado/-a: aquí: intimidado/-a
4 insólitamente: hier: *seltsamerweise*
5 repicar: aquí: preocuparle

No puso ningún reparo[1] en responder, una manera de reconocerle algún derecho, después de años de usurpar[2] su nombre, su vida misma.

—Nunca las conté, lo normal, unas veinticinco, treinta, quizás alguna más... A ver si me acuerdo de alguna remarcable[3]... Sí, una francesa que hacía películas porno pero de calidad, guapísima; una ecuatoriana militante y muy sensual, qué mujer maravillosa, a ella casi le cuento la verdad, pero me contuve, años de disciplina; la mujer del director de la agencia, una burguesa interesante; una directora de cine a quien le va bastante bien ahora; una... rara mezcla de ternura[4], erotismo, lucidez[5], pero una bruja[6] que... No, qué estoy diciendo, ésa no, porque ya era Juan José. Tienes suerte —le dijo con acento gallego—, eran mejores las de Marcos que las de Juan José.

Y esta vez Marcos, orgulloso, lo acompañó en la risa. ¿Y dónde había vivido con su nombre? En México, en el DF, luego en Madrid, unos meses en Londres, en París, largos meses en Hannover, con su mujer alemana, en Praga, cuando fue por lo de los artículos y se quedó más de un año, pero cómo me olvidé: Tina, fantástica, lástima que no haya querido venirse conmigo a Madrid.

Y Marcos, una sola ciudad, Buenos Aires, de Lomas de Zamora[7] al centro, ya de novio con Maite, uno que otro viajecito a Mar del Plata, a Mar de Ajó[8], Bariloche[9] para los veinte

1 el reparo: *Einwand*
2 usurpar: *an sich reißen, sich widerrechtlich aneignen*
3 remarcable: *bemerkenswert*
4 la ternura: *Zärtlichkeit*
5 la lucidez: aquí: la inteligencia
6 la bruja: *Hexe*
7 Lomas de Zamora: ciudad en la provincia de Buenos Aires
8 Mar del Plata, Mar de Ajó: *Badeorte in der Provinz Buenos Aires*
9 Bariloche: ciudad en la provincia de Río Negro (Patagonia)

. El despromovido

años de casados, avión y autobús, todo un derroche[1]. Le sobran[2] los dedos de la mano para contar las amantes, cuando tuvo esa aventura con la contadora se moría de miedo de que Maite o su jefe se enteraran. Mientras tanto, este tipo, que
5 quién sabe si no fue él quien mató al otro, por qué tiene que creerle, paseándose por todo el mundo, con mujeres espectaculares, diosas, y ganando seguramente mucha más guita[3] que él. Y encima seis años menor.

Sin embargo, cuando le contó la primera parte de su histo-
10 ria, a Marcos hasta le dio pena, pobre tipo, sin comerla ni beberla, tener que exiliarse en una ciudad desconocida, sin un mango[4] y con la nena[5] que acababa de nacer, teniendo que fingir que era mayor y judío, y con la mujer que le pasaba factura[6] por haberse ido con él, hay que ver las minas[7], siempre
15 reclamando[8]. Él no la obligó, Mirta fue porque quería, y embarazada encima en esa situación. Aunque valiente la piba[9], Maite no se animó nunca y no se movió de Buenos Aires.

Marcos, ya en el tercer whisky, mira a Maite dormida, y se pregunta por qué se ha quedado toda la vida con ella. La
20 quiere, sí, no como cuando se fueron a vivir al centro, tantas esperanzas, pero tampoco le tiene bronca[10] como en esos años en los que ella, siempre cansada, reventada[11], protestando, cómo vamos a tener chicos si no tenemos un mango. ¿Cuántas tienen menos y tuvieron hijos? Cuando Marcos se puso

---

1 el derroche: *Verschwendung, Vergeudung*
2 sobrar: ser demasiado
3 la guita: (col.) dinero
4 sin un mango: (Arg., col.) sin dinero
5 la nena: (col.) la chica, la niña
6 pasar factura: (col.) *die Rechnung präsentieren*
7 la mina: (Arg., col.) la mujer
8 reclamar: exigir, querer tener
9 la piba: (Arg., col.) la chica
10 tener bronca: estar enfadado/-a
11 reventado/-a: muy cansado/-a

por su cuenta[1] y se pudieron mudar a otro departamento y comprarse el auto[2], ya se habían olvidado de los hijos, ellos son así, solos, siempre tíos, y ahora resulta que una chica que vive en Inglaterra, en un barco, es, fue, durante años su hija,
5 en los papeles.

Con el cuarto whisky, Marcos se convence de que debió haber renunciado al banco mucho antes, que tendría que haberse animado con aquella chica, que debió separarse cuando Maite se negó a tener hijos, que no debió aceptar ese
10 socio[3]. Pero él siempre inmóvil, como si algo lo retuviera en esa siempre misma vida, sin saber por qué. Ahora lo entiende, es porque Juan José Ondart se la usurpó.

El otro la pasó mal, cierto, no es para envidiarlo, pero vivió de todo, no es para compadecerlo[4] tampoco, bien le hubiera
15 gustado a Marcos estar en todas esas ciudades, y escribir en revistas y diarios y tener tantas mujeres. Y quién sabe cuánto más, porque apenas conoce lo que tuvo tiempo de preguntarle en el tren.

Ahora trata de recordar a ese compañero de colegio que le
20 pidió su pasaporte para salvar a un amigo. Fue un encuentro casual, Marcos le tenía cariño pero ya no compartían nada en aquel entonces. Hablaron mucho en ese bar. No recuerda cómo logró convencerlo, sí que se lo ocultó siempre a Maite, sabía que ella no estaría de acuerdo. A él, en cambio, le pro-
25 dujo una secreta alegría que no se agotó[5] —debe reconocer— el día que denunció en la policía el robo de su pasaporte. No, le duró años. Cuando se enteró por los diarios, durante el Juicio a las Juntas, de lo que no quiso ver, de lo que apenas lo

---

1 ponerse por su cuenta: hacerse autónomo/-a; *sich selbstständig machen*
2 el auto: (LAm.) el coche
3 el socio: *Geschäftspartner*
4 compadecer: *bemitleiden*
5 agotarse: *zu Ende gehen, zur Neige gehen*

El despromovido

rozó[1] por azar[2], se felicitó. Era más algo suyo, un tímido orgullo, que la historia que le contó su antiguo amigo a quien no volvió a ver. Cómo imaginarse que la vida lo iba a enfrentar un día a su otro yo.

5 El quinto whisky, mañana no va a trabajar, hablará con Ondart. Si necesita algo, que cuente con él, le dijo. Bien, quiere sus papeles, su documento, su identidad, quiere irse del país, de su siempre misma vida. Ahora le toca a Marcos.

Tan simpático que parecía Juan José en el tren, tan no du-
10 des en pedírmelo, y a la hora de los papeles, nunca mejor dicho, el tipo que no y que no. Que cómo podía ocurrírsele algo así, no estamos en dictadura, y Marcos no ha robado, ni estafado[3] a nadie, según le ha dicho a Juan José, no tiene razón alguna para huir. Sí que la tiene, está harto, de todo.

15 Juan José le está muy agradecido, pero le parece de una frivolidad extrema —que lo disculpe pero no puede decirlo de otra manera— querer ser él, sólo porque está cansado de su vida. Que se vaya, que se lo diga a su mujer, a su socio, que lo deje todo. Pero querer que le pase lo mismo que a Juan
20 José en 1975... no sabe lo que dice. Lejos ese gesto duro, esa voz crispada[4], del agradable que se emocionó nada más conocer el nombre de Marcos: ¿Tienes idea de lo que significa no vivir con tu propio nombre, estar disimulando, escondiendo, forzando, resbalando[5] el día entero a una zona de peligro?

25 Claro que le contó esa anécdota de México jocosamente[6], mirado de lejos, hasta puede ser divertido. Podría contarle muchas otras que no lo harían reír: no poder volver cuando

---

1 rozar: tocar
2 el azar: *Zufall*
3 estafar: *betrügen*
4 crispado/-a: tenso/-a
5 resbalar: *rutschen, schlittern*
6 jocosamente: como broma, como algo divertido

tu madre se está muriendo, regañar[1] a tu hija de cuatro años porque dijo papá Juan, no, papá se llama Marcos, la niña llorando porque no entiende, escuchar una mujer enamorada llamándote con otro nombre, inventarte serio, un hombre seis años mayor, escribirte una historia que desconoces para no meter la pata[2] otra vez, reservar todos tus recuerdos con candado[3] porque cómo ibas a haber remado[4] en Rowing, por favor.

Marcos pensó que Ondart tenía razón, pero él también a su modo, y ya no estaba borracho como anoche. Lo que Juan José le reveló de su vida con el nombre de Marcos, le mostraba todo lo que él no hizo, esos artículos escritos con su nombre, esas mujeres, esas ciudades, esos trabajos. ¡Una hija! Qué le costaba darle su documento, ponerle la foto de Marcos, y sobre todo prestarle ese pasado que Marcos ahora podría contar a quienes conociera. Le quedaba cuánto de vida, diez, quince años. ¿Cuánto tiempo usó Ondart su nombre? Años.

Juan José lo miraba serio, sin pronunciar palabra. Marcos supo que lo estaba escuchando, y negoció: Ni siquiera te pido el pasaporte, dame la cédula de identidad[5], el DNI[6], me voy a Brasil no más, y contame tu vida con mi nombre en Londres, en Madrid, en Praga.

Encontrarse con Sbartti después de tantos años y para pedirle un favor era una pesadilla para Juan José. Lo contactó por María, su primera ex mujer. Y ahí estaba, entrando en el café La Paz, canoso[7], rengo[8] y con los brazos abiertos para

---

1 regañar: *schimpfen*
2 meter la pata: *ins Fettnäpfchen treten*
3 el candado: la cerradura
4 remar: *rudern*
5 la cédula de identidad: *argent. Ausweisdokument*
6 el DNI: Documento Nacional de Identidad, *Ausweisdokument*
7 canoso/-a: con el pelo gris
8 rengo/-a: *hinkend*

estrecharlo. Los rencores fundidos en un abrazo. Tenía que pedirle un favor, Sbartti, no va a decirle por qué, lo mismo que alguien había hecho años atrás, pero al revés. Y no tendría otra que otorgárselo[1], que se las arreglara. Al fin fue 5 Sbartti, Juan José se enteró años después, en Madrid, uno de los responsables del cadáver en su casa, la que le dejó a María.

—¿Vamos *ao cinema*, Joao José? —pregunta Berenice, acercándole una caipirinha.

—Cine no, ricura[2] —responde Marcos, una sonrisa espléndida en su cara bronceada—. Demasiados años escribiendo 10 sobre cine, ahora playa y amor. En Londres me harté de ver cine, pero allí llueve mucho. Aquí hay sol, playa. *E você.*

1 otorgar: *ausstellen*
2 ricura: (LAm.) cariño, amor

Ihre Meinung ist uns wichtig!

Ihre Anregungen sind uns immer willkommen. Bitte informieren Sie uns mit diesem Schein über Ihre Verbesserungsvorschläge!

Titel-Nr.	Seite	Vorschlag

Lernen · Wissen · Zukunft

22-V1T

Bitte ausfüllen und im frankierten Umschlag
an uns einsenden. Für Fensterkuverts geeignet.

Zutreffendes bitte ankreuzen! Die Absenderin/der Absender ist:

☐ Lehrer/in in den Klassenstufen: ☐ Schulleiter/in

☐ Fachbetreuer/in ☐ Leiter/in Lehrerbibliothek
Fächer: ☐ Leiter/in Schülerbibliothek

☐ Seminarlehrer/in ☐ Referendar/in, Termin 2. Staats-
Fächer: examen:

☐ Regierungsfachberater/in ☐ Sekretariat
Fächer: ☐ Schüler/in, Klasse:

☐ Oberstufenbetreuer/in ☐ Elternteil
☐ Sonstiges:

STARK Verlag
Postfach 1852
85318 Freising

Kennen Sie Ihre Kundennummer? Bitte hier eintragen.

Absender (Bitte in Druckbuchstaben)

Name/Vorname

Straße/Nr.

PLZ/Ort

Telefon privat   Geburtsjahr

E-Mail

Schule/Schulstempel (Bitte angeben)

Unterrichtsfächer: (Bei Lehrkräften!)

Bitte hier abtrennen

Sicher durch das Abitur!

Klare Fakten, systematische Methoden, prägnante Beispiele sowie Übungsaufgaben auf Abiturniveau mit Lösungen.

(Bitte blättern Sie um)

Geschichte

Latein

Spanisch

Fachübergreifend

Französisch

Religion

Ethik

Bestellungen bitte direkt an:
STARK Verlagsgesellschaft mbH & Co. KG · Postfach 1852 · D-85318 Freising
Telefon 0180 3 179000* · Telefax 0180 3 179001*
www.stark-verlag.de · info@stark-verlag.de
*9 Cent pro Min. aus dem deutschen Festnetz, Mobilfunk bis 42 Cent pro Min.
Aus dem Mobilfunknetz wählen Sie die Festnetznummer: 08167 9573-0

22-VIT

Lernen · Wissen · Zukunft
STARK